LE

MISANTROPE,

COMEDIE.

Par J. B. P. DE MOLIERE.

LE MISANTROPE,

COMEDIE.

Par J. B. P. DE MOLIERE.

A PARIS,

Chez DENYS THIERRY, ruë S. Jacques
à l'Enseigne de la Ville de Paris.

ET

CLAUDE BARBIN, au Palais, sur le
second Perron de la Sainte-Chapelle.

M. DC. LXXV.

AVEC PRIVILEGE DU ROY.

LE MISANTROPE.

Extrait du Privilege du Roy.

PAR Grace & Privilege du Roy, donné à Fontainebleau le vingt-uniefme Juin 1666. Signé, Par le Roy en fon Confeil, BERAUD: Il eft permis à J. B. P. DE MOLIERE, Comedien de la Troupe de Monfieur le Duc d'Orleans, de faire imprimer, vendre & debiter une Comedie par luy compofée, intitulée *Le Mifantrope*, pendant le temps & efpace de cinq années entieres : Et defenfes font faites à tous autres, de l'imprimer, ny vendre d'autre Edition que de celle de l'Expofant, ou de ceux qui auront droiét de luy, à peine contre chacun des contrevenans, de quinze cens livres d'amende, confifcation des Exemplaires contrefaits, & de tous defpens, dommages & interefts, ainfi que plus au long, il eft porté efdites Lettres de Privilege.

Et ledit Sieur DE MOLIERE a cedé fon droit de Privilege à JEAN RIBOU, Marchand Libraire à Paris, pour en joüir fuivant l'accord fait entr'eux.

Regiftré fur le Livre de la Communauté,
Signé, PIGET, Syndic.

Achevé d'imprimer pour la premiere fois le 24. Decembre 1666.

ACTEURS.

ALCESTE, Amant de Celimene.

PHILINTE, Amy d'Alceste.

ORONTE, Amant de Celimene.

CELIMENE, Amante d'Alceste.

ELIANTE, Cousine de Celimene.

ARSINOE', Amie de Celimene.

ACASTE,

CLITANDRE, } Marquis.

BASQUE, Valet de Celimene.

UN GARDE de la Mareschaussée de France.

DU BOIS, Valet d'Alceste.

La Scene est à Paris.

LE

LE MISANTROPE.

COMEDIE.

ACTE PREMIER.

SCENE PREMIERE.

PHILINTE, ALCESTE.

PHILINTE.

Uest-ce donc ? qu'avez-vous ?

ALCESTE.

Laiſſez-moy, je vous prie.

PHILINTE.

Mais, encor, dites-moy, quelle bizar-
rerie.....

ALCESTE.

Laiſſez-moy là, vous dis-je, & courez vous cacher.

PHILINTE.

Mais on entend les Gens, au moins, ſans ſe fâcher.

ALCESTE.

Moy, je veux me fâcher, & ne veux point entendre.

A

PHILINTE.

Dans vos brusques chagrins , je ne puis vous comprendre ;
Et quoy qu'amis, enfin, je suis tout des premiers....

ALCESTE.

Moy, vostre amy ? rayez cela de vos papiers.
J'ay fait jusques icy profession de l'estre ;
Mais apres ce qu'en vous je viens de voir parestre ,
Je vous declare net, que je ne le suis plus ,
Et ne veux nulle place en des Cœurs corrompus.

PHILINTE:

Je suis donc bien coupable, Alceste , à vostre conte ?

ALCESTE.

Allez, vous dévriez mourir de pure honte ,
Une telle action ne sçauroit s'excuser ,
Et tout Homme d'honneur s'en doit scandaliser.
Je vous vois accabler un Homme de caresses,
Et témoigner pour luy les dernieres tendresses ,
De protestations, d'offres, & de sermens ,
Vous chargez la fureur de vos embrassemens ;
Et quand je vous demande aprés , quel est cet Hom-
A peine pouvez vous dire comme il se nomme, [me,
Vostre chaleur pour luy, tombe en vous séparant ,
Et vous me le traitez, à moy , d'indifferent.
Morbleu , c'est une chose indigne , lâche , infame ;
De s'abaisser ainsi , jusqu'à trahir son Ame :
Et si , par un malheur , j'en avois fait autant ,
Je m'irois , de regret , pendre tout à l'instant.

PHILINTE.

Je ne vois pas , pour moy , que le cas soit pendable ;
Et je vous suppliray d'avoir pour agreable,
Que je me fasse un peu grace sur vostre Arrest,
Et ne me pende pas pour cela , s'il vous plaist,

ALCESTE·

Que la plaisanterie est de mauvaise grace !

PHILINTE.

Mais ferieufement, que voulez-vous qu'on faffe?

ALCESTE.

Je veux qu'on foit fincere, & qu'en Homme d'hon-
On ne lâche aucun mot qui ne parte du cœur. [neur,

PHILINTE.

Lors qu'un Homme vous vient embraffer avec joye,
Il faut bien le payer de la même monnoye,
Répondre comme on peut à fes empreffemens,
Et rendre offre pour offre, & fermens pour fermens.

ALCESTE.

Non, je ne puis fouffrir cette lâche methode
Qu'affectent la plufpart de vos Gens à la mode;
Et je ne hay rien tant que les contorfions
De tous ces grands Faifeurs de proteftations,
Ces affables Donneurs d'embraffades frivoles,
Ces obligeans Difeurs d'inutiles paroles,
Qui de civilitez avec tous font combat,
Et traitent du même air l'honnefte Homme,& le Fat.
Quel avantage a-t'on qu'un Homme vous careffe,
Vous jure amitié, foy, zele, eftime, tendreffe,
Et vous faffe de vous un éloge éclatant,
Lors qu'au premier Faquin il court en faire autant?
Non, non il n'eft point d'Ame un peu bien située,
Qui veüille d'une eftime ainfi proftituée;
Et la plus glorieufe a des regals peu chers,
Dés qu'on voit qu'on nous mefle avec tout l'Univers:
Sur quelque préference une eftime fe fonde,
Et c'eft n'eftimer rien, qu'eftimer tout le monde.
Puis que vous y donnez dans ces vices du temps,
Morbleu, vous n'eftes pas pour eftre de mes Gens;
Je refufe d'un Cœur la vafte complaifance,
Qui ne fait de Merite aucune difference;
Je veux qu'on me diftingue,& pour le trancher net,
L'Amy du Genre Humain n'eft point du tout mon
    fait.

PHILINTE.   [rende

Mais quand on eſt du Monde , il faut bien que l'on
Quelques Dehors civils, que l'uſage demande.

ALCESTE.

Non, vous dis-je , on dévroit châtier ſans pitié ,
Ce Commerce honteux de Semblans d'Amitié :
Je veux que l'on ſoit Hôme, & qu'en toute rencontre,
Le fond de noſtre cœur, dans nos diſcours ſe montre ;
Que ce ſoit luy qui parle , & que nos Sentimens
Ne ſe maſquent jamais ſous de vains Complimens.

PHILINTE.

Il eſt bien des endroits où la pleine Franchiſe
Deviendroit ridicule, & ſeroit peu permiſe ;
Et par fois , n'en déplaiſe à voſtre auſtere Honneur ,
Il eſt bon de cacher ce qu'on a dans le cœur.
Seroit-il à propos , & de la Bienſeance ,
De dire à mille Gens tout ce que d'eux on penſe ?
Et quand on a quelqu'un qu'on hait, ou qui déplaiſt,
Luy doit-on declarer la choſe comme elle eſt ?

ALCESTE.

Oüy.

PHILINTE.

Quoy ! vous iriez dire à la vieille Emilie ,
Qu'à ſon âge il ſied mal de faire la jolie ?
Et que le blanc qu'elle a ſcandaliſe chacun ?

ALCESTE.

Sans doute.

PHILINTE.

A Dorilas, qu'il eſt trop importun :
Et qu'il n'eſt à la Cour , oreille qu'il ne laſſe
A conter ſa bravoure , & l'éclat de ſa Race ?

ALCESTE.

Fort bien.

PHILINTE.

Vous vous mocquez.

ALCESTE.

Je ne me mocque point,
Et je vais n'épargner perſonne ſur ce poinct.
Mes yeux ſont trop bleſſez , & la Cour & la Ville ,
Ne m'offrent rien qu'objets à m'échauffer la Bile :
J'entre en une humeur noire,en un chagrin profond,
Quand je vois vivre entr'eux,les Hommes comme ils
Je ne trouve par tout que lâche Flaterie ,   [font;
Qu'Injuſtice, Intereſt, Trahiſon, Fourberie ;
Je n'y puis plus tenir, j'enrage, & mon deſſein
Eſt de rompre en viſiere à tout le Genre Humain.

PHILINTE.

Ce chagrin Philoſophe eſt un peu trop ſauvage ,
Je ris des noirs accés où je vous enviſage ;
Et crois voir en nous deux , ſous mêmes ſoins nourris,
Ces deux Freres que peint l'Ecole des Maris,
Dont....

ALCESTE.

Mon Dieu, laiſſons-là vos comparaiſons fades.

PHILINTE

Non, tout de bon, quittez toutes ces incartades ,
Le Monde par vos ſoins ne ſe changera pas;
Et puis que la Franchiſe a pour vous tant d'appas,
Je vous diray tout franc que cette maladie,
Par tout où vous allez,donne la Comedie,   [Temps,
Et qu'un ſi grand courroux contre les Mœurs du
Vous tourne en Ridicule auprés de bien des Gens.

ALCESTE.   [mande,

Tant mieux, morbleu, tant mieux,c'ſt ce que je de-
Ce m'eſt un fort bon ſigne, & ma joye en eſt grande:
Tous les Hommes me ſont à tel poinct odieux ,
Que je ſerois fâché d'eſtre ſage à leurs yeux.

PHILINTE.

Vous voulez un grand mal à la Nature Humaine.

ALCESTE.

Oüy,j'ay conceu pour elle une effroyable haine.

PHILINTE.

Tous les pauvres Mortels, sans nulle exception,
Seront envelopez dans cette aversion ?
Encor, en est-il bien, dans le Siecle où nous sõmes..

ALCESTE.

Non, elle est generale, & je hais tous les Hommes:
Les uns, parce qu'ils sont méchants & mal-faisans ;
Et les autres, pour estre aux Méchans complaisans.
Et n'avoir pas pour eux ces haines vigoureuses ,
Que doit donner le Vice aux Ames vertueuses.
De cette Complaisance on voit l'injuste excés ,
Pour le franc Scelerat avec qui j'ay procés ;
Au travers de son masque on voit à plein le Traistre,
Par tout il est connu pour tout ce qu'il peut estre ;
Et ses roulemens d'yeux & son ton radoucy,
N'imposent qu'à des Gens qui ne sont point d'icy.
On sçait que ce Pié-plat, digne qu'on le confonde ,
Par de sales Emplois s'est poussé dans le Monde :
Et que par eux son Sort de splendeur revestu ,
Fait gronder le Merite & rougir la Vertu.
Quelques titres hõteux qu'en tous lieux on lui dõne,
Son miserable Honneur ne voit pour luy Personne :
Nommez-le Fourbe, Infame, & Scelerat maudit,
Tout le Monde en convient & nul n'y contredit.
Cependant sa grimace est par tout bien venuë ,
On l'accueille, on luy rit, par tout il s'insinuë,
Et s'il est par la Brigue un Rang à disputer,
Sur le plus honneste Homme on le voit l'emporter :
Teste-bleu, ce me sont de mortelles blessures,
De voir qu'auec le Vice on garde des mesures ;
Et par fois il me prend des mouvemens soudains ,
De fuir dans un Desert l'approche des Humains.

PHILINTE.

Mon Dieu, des Mœurs du temps mettons-nous
　　　moins en peine,
Et faisons un peu grace à la Nature Humaine ;

Ne l'examinons point dans la grande rigueur,
Et voyons ses defauts, avec quelque douceur.
Il faut parmy le monde une Vertu traitable,
A force de Sageſſe on peut eſtre blâmable,
La parfaite Raiſon fuit toute extremité,
Et veut que l'on ſoit ſage avec ſobrieté.
Cette grande roideur des Vertus des vieux Ages,
Heurte trop noſtre Siecle, & les communs Uſages;
Elle veut aux Mortels trop de perfection,
Il faut fléchir au Temps ſans obſtination;
Et c'eſt une folie à nulle autre ſeconde,
De vouloir ſe meſler de corriger le Monde.
J'obſerve comme vous cent choſes tous les jours,
Qui pourroient mieux aller, prenant un autre cours:
Mais quoy qu'à chaque pas je puiſſe voir pareſtre,
En courroux comme vous, on ne me voit point eſtre;
Je prens tout doucement les Hommes côme ils ſont,
J'accoûtume mon Ame à ſouffrir ce qu'ils font;
Et je crois qu'à la Cour, de meſme qu'à la Ville,
Mon Phlegme eſt Philoſophe autant que voſtre Bile.

ALCESTE.

Mais ce Phlegme, Monſieur, qui raiſonne ſi bien,
Ce Phlegme pourra-t'il ne s'échauffer de rien?
Et s'il faut par hazard qu'un Amy vous trahiſſe,
Que pour avoir vos Biens on dreſſe un artifice,
Ou qu'on tâche à ſemer de méchans bruits de vous,
Verrez vous tout cela, ſans vous mettre en courroux?

PHILINTE.

Oüy, je vois ces Defauts dont voſtre ame murmure,
Comme Vices unis à l'Humaine Nature;
Et mon eſprit enfin n'eſt pas plus offenſé,
De voir un Homme fourbe, injuſte, intereſſé,
Que de voir des Vautours affamez de carnage,
Des Singes mal-faiſans, & des Loups pleins de
    rage.

ALCESTE.

Je me verray trahir, mettre en pieces, voler,
Sans que je fois ....Morbleu, je ne veux point parler,
Tant ce raifonnement eft plein d'impertinence.

PHILINTE.

Ma foy vous ferez bien de garder le filence;
Contre voftre Partie éclatez un peu moins,
Et donnez au Procés une part de vos foins.

ALCESTE.

Je n'en donneray point, c'eft une chofe dite.

PHILINTE.

Mais qui voulez-vous donc qui pour vous follicite?

ALCESTE.

Qui je veux? la Raifon, mon bon Droict, l'Equité.

PHILINTE.

Aucun Juge par vous ne fera vifité?

ALCESTE.

Non, eft-ce que ma Caufe eft injufte, ou douteufe?

PHILINTE.

J'en demeure d'accord, mais la Brigue eft fâcheufe,
Et.....

ALCESTE.

Non, j'ay refolu de n'en pas faire un pas;
J'ay tort, ou j'ay raifon.

PHILINTE.

Ne vous y fiez pas.

ALCESTE.

Je ne remuray point.

PHILINTE.

Voftre Partie eft forte,
Et peut par fa Cabale entraîner....

ALCESTE.

Il n'importe.

PHILINTE.

Vous vous tromperez.

ALCESTE.

Soit, j'en veux voir le succés.

PHILINTE.

Mais...

ALCESTE.

J'auray le plaisir de perdre mon Procés.

PHILINTE.

Mais enfin.....

ALCESTE.

Je verray dans cette Plaiderie,
Si les Hommes auront assez d'effronterie,
Seront assez méchans, scelerats, & pervers,
Pour me faire injustice aux yeux de l'Univers.

PHILINTE.

Quel Homme !

ALCESTE.

Je voudrois, m'en coûtast-il grand'chose,
Pour la beauté du Fait, avoir perdu ma Cause.

PHILINTE.

On se riroit de vous, Alceste, tout de bon,
Si l'on vous entendoit parler de la façon.

ALCESTE

Tant pis pour qui riroit.

PHILINTE.

         Mais cette Rectitude
Que vous voulez en tout avec exactitude,
Cette pleine Droiture où vous vous renfermez,
La trouvez-vous icy, dans ce que vous aimez ?
Je m'étonne pour moy, qu'estant comme il le semble,
Vous & le Genre Humain, si fort broüillez ensemble,
Malgré tout ce qui peut vous le rendre odieux,
Vous ayez pris chez luy ce qui charme vos yeux :
Et ce qui me surprend encore davantage,
C'est cét étrange Choix où vostre cœur s'engage.
La sincere Eliante a du penchant pour vous,
La prude Arsinoé vous voit d'un œil fort doux :

Cependant à leurs vœux voftre ame fe refufe,
Tandis qu'en fes liens Celimene l'amufe,
De qui l'humeur coquette, & l'efprit médifant,
Semble fi fort donner dans les Mœurs d'à-prefent.
D'où vient que leur portant une haine mortelle,
Vous pouvez bien fouffrir ce qu'en tient cette Belle?
Ne font-ce plus defauts dans un Objet fi doux ?
Ne les voyez-vous pas ? ou les excufez-vous ?

ALCESTE.

Non, l'amour que je fens pour cette jeune Veuve,
Ne ferme point mes yeux aux defauts qu'õ lui treuve
Et je fuis, quelque ardeur qu'elle m'ait pû donner,
Le premier à les voir, comme à les condamner.
Mais avec tout cela, quoy que je puiffe faire,
Je confeffe mon foible, elle a l'art de me plaire ;
J'ay beau voir fes defauts & j'ay beau l'en blâmer,
En dépit qu'on en ait, elle fe fait aimer ;
Sa grace eft la plus forte, & fans doute ma flâme,
De ces Vices du Temps pourra purger fon ame.

PHILINTE.

Si vous faites cela, vous ne ferez pas peu.
Vous croyez eftre donc aimé d'elle ?

ALCESTE.

                              Oüy, parbleu ;
Je ne l'aimerois pas, fi je ne croyois l'eftre.

PHILINTE.

Mais fi fon amitié pour vous fe fait pareftre.
D'où vient que vos Rivaux vous caufent de l'ennuy ?

ALCESTE.

C'eft qu'un cœur bien atteint veut qu'on foit tout à
Et je ne viens icy, qu'à deffein de luy dire   [luy;
Tout ce que là-deffus ma paffion m'infpire.

PHILINTE.

Pour moy, fi je n'avois qu'à former des defirs,
La Coufine Eliante auroit tous mes foûpirs,

Son cœur qui vous estime, est solide & sincere ;
Et ce choix plus conforme estoit mieux vôtre affaire.
ALCESTE.
Il est vrai, ma Raison me le dit chaque jour,
Mais la Raison n'est pas ce qui regle l'Amour.
PHILINTE.
Je crains fort pour vos Feux, & l'espoir où vous estes,
Pourroit.....

SCENE II.

ORONTE, ALCESTE, PHILINTE.

ORONTE.

J'Ay sçeu là bas que pour quelques Emplettes
Eliante est sortie, & Celimene aussi :
Mais comme l'on m'a dit que vous estiez icy,
J'ay monté pour vous dire, & d'un cœur veritable,
Que j'ay conceu pour vous une estime incroyable ;
Et que depuis long-temps cette estime m'a mis
Dans un ardent desir d'estre de vos Amis.
Oüy, mon cœur au Merite aime à rendre justice,
Et je brûle qu'un nœud d'Amitié nous unisse :
Je crois qu'un Amy chaud & de ma Qualité,
N'est pas asseurément pour estre rejetté.
C'est à vous, s'il vous plaist, que ce discours s'adresse.
En cét endroit Alceste paroist tout rêveur, & semble
n'entendre pas qu'Oronte luy parle.

ALCESTE.

A moy, Monsieur ?

ORONTE.

A vous. Trouvez-vous qu'il vous blesse ?

ALCESTE.

Non pas, mais la surprise est fort grande pour moy,
Et je n'attendois pas l'honneur que je reçoy.

ORONTE.

L'eſtime où je vous tiens ne doit point vous ſurpren-
Et de tout l'Univers, vous la pouvez prétendre.	[dre,

ALCESTE.

Monſieur.....

ORONTE.

L'Eſtat n'a rien qui ne ſoit au deſſous
Du Mérite éclatant que l'on déconvre en vous.

ALCESTE.

Monſieur....

ORONTE.

Oüy, de ma part, je vous tiens préferable
A tout ce que j'y vois de plus conſiderable.

ALCESTE.

Monſieur.....

ORONTE.

Sois-je du Ciel écraſé, ſi je mens ;
Et pour vous confirmer icy mes Sentimens,
Souffrez qu'à cœur ouvert, Monſieur, je vous embraſ-
Et qu'en voſtre Amitié je vous demande place.	[ſe,
Touchez-là, s'il vous plaiſt, vous me la promettez
Voſtre Amitié ?

ALCESTE.

Monſieur....

ORONTE.

Quoy ! vous y reſiſtez ?

ALCESTE

Monſieur, c'eſt trop d'honneur que vous me voulez
	faire ;
Mais l'Amitié demande un peu plus de myſtere,
Et c'eſt aſſeurément en profaner le nom,
Que de vouloir le mettre à toute occaſion.
Avec lumiere & choix, cette union veut naiſtre,
Avant que nous lier, il faut nous mieux connaiſtre ;
Et nous pourrions avoir telles complexions,
Que tous deux du Marché nous nous repentirions.

ORONTE.
Parbleu, c'eſt là-deſſus parler en Homme ſage ;
Et je vous en eſtime encore davantage :
Souffrons donc que le Temps forme des nœuds ſi [doux.
Mais cependant je m'offre entierement à vous ;
S'il faut faire à la Cour pour vous quelque ouverture,
On ſçait qu'auprés du Roy je fais quelque Figure,
Il m'écoute, & dans tout il en uſe, ma foy,
Le plus honneſtement du Monde avecque moy.
Enfin, je ſuis à vous de toutes les manieres ;
Et comme voſtre Eſprit a de grandes lumieres,
Je viens pour commencer entre nous ce beau nœud,
Vous montrer un Sonnet que j'ay fait depuis peu,
Et ſçavoir s'il eſt bon qu'au Public je l'expoſe.
ALCESTE.
Monſieur, je ſuis mal propre à décider la choſe,
Veüillez m'en diſpenſer.
ORONTE.
Pourquoy ?
ALCESTE.
J'ay le defaut
D'eſtre un peu plus ſincere en cela qu'il ne faut.
ORONTE.
C'eſt ce que je demande, & j'aurois lieu de plainte,
Si m'expoſant à vous pour me parler ſans feinte,
Vous alliez me trahir, & me déguiſer rien.
ALCESTE.
Puis qu'il vous plaiſt ainſi, Monſieur, je le veux bien.
ORONTE.
Sonnet... C'eſt un Sonnet. *L'Eſpoir...* C'eſt une Dame,
Qui de quelque eſperance avoit flaté ma flâme.
L'Eſpoir... Ce ne ſont point de ces grands Vers pôpeux,
Mais de petits Vers doux, tendres & langoureux.
A toutes ces interruptions il regarde Alceſte.
ALCESTE.
Nous verrons bien.

ORONTE.

>   *L'espoir...* Je ne sçay si le stile
ux, Pourra vous en paroistre assez net & facile;
s si Et si du choix des Mots vous vous contenterez.

ALCESTE.

re, Nous allons voir, Monsieur.

ORONTE.

>   Au reste vous sçaurez,
Que je n'ay demeuré qu'un quart-d'heure à le faire.

ALCESTE.

Voyons, Monsieur, le Temps ne fait rien à l'affaire.

ORONTE.

L'Espoir, il est vrai, nous soulage,
Et nous berce un temps nostre ennuy :
Mais, Philis, le triste avantage,
Lors que rien ne marche apres luy !

PHILINTE.

Je suis déja charmé de ce petit morceau.

ALCESTE.

Quoy ! vous avez le front de trouver cela beau ?

ORONTE.

Vous eustes de la Complaisance,
Mais vous en deviez moins avoir ;
Et ne vous pas mettre en dépense,
Pour ne me donner que l Espoir.

PHILINTE.

Ah ! qu'en termes galans ces choses-là sont mises !

ALCESTE *bas.*

Morbleu, vil Complaisant, vous loüez des Sottises ?

ORONTE.

S'il faut qu'une attente éternelle
Pousse à bout l'ardeur de mon zele,
Le Trépas sera mon recours.

Vos foins ne m'en peuvent diftraire ;
Belle Philis , on defefpere,
Alors qu'on efpere toûjours.
PHILINTE,
La chûte en eft jolie , amoureufe , admirable.
ALCESTE *bas.*
La pefte de ta chûte ! Empoifonneur au Diable ,
En euffes-tu fait une à te caffer le nez.
PHILINTE.
Je n'ay jamais oüy des Vers fi bien tournez.
ALCESTE.
Morbleu...

ORONTE.
Vous me flatez, & vous croyez peut eftre...
PHILINTE.
Non, je ne flate point.
ALCESTE *bas.*
Et que fais-tu , donc, Traiftre ?
ORONTE.
Mais pour vous , vous fçavez quel eft noftre Traité ;
Parlez-moy, je vous prie, avec fincerité.
ALCESTE.
Monfieur, cette matiere eft toûjours delicate.
Et fur le bel Efprit, nous aimons qu'on nous flate:
Mais un jour à quelqu'un , dont je tairay le nom ,
Je difois en voyant des Vers de fa façon ,   [empire
Qu'il faut qu'un galant Homme ait toûjours grand
Sur les demangeaifons qui nous prennent d'écrire ;
Qu'il doit tenir la bride aux grands empreffemens
Qu'on a de faire éclat de tels amufemens ;
Et que par la chaleur de montrer fes Ouvrages ,
On s'expofe à joüer de mauvais Perfonnages.
ORONTE.
Eft-ce que vous voulez me declarer par là ,
Que j'ay tort de vouloir....
ALCESTE.

ALCESTE.

Je ne dis pas cela :
Mais je luy difois, moy, qu'un froid Ecrit affomme,
Qu'il ne faut que ce Foible à décrier un Homme ;
Et qu'euft-on d'aurte-part cent belles Qualitez,
On regarde les Gens par leurs méchans côtez.

ORONTE.

Eft-ce qu'à mon Sonnet vous trouvez à redire ?

ALCESTE.

Je ne dis pas cela; mais pour ne point écrire,
Je luy mettois aux yeux, comme dans noftre Temps
Cette Soif a gafté de fort Honneftes Gens.

ORONTE.

Eft-ce que j'écris mal ? & leur reffemblerois-je ?

ALCESTE.

Je ne dis pas cela; mais enfin, luy difois-je;
Quel befoin fi preffant avez-vous de Rimer?
Et qui diantre, vous pouffe à vous faire Imprimer ?
Si l'on peut pardonner l'effor d'un mauvais Livre ,
Ce n'eft qu'aux Malheureux qui compofent pour vi-
Croyez-moy, refiftez à vos tentations ,   [vre.
Dérobez au Public ces Occupations;
Et n'allez point quitter, dequoy que l'on vous fóme ,
Le Nom que dans la Cour vous avez d'honnefte
    Homme ,
Pour prendre de la main d'un avide Imprimeur,
Celuy de ridicule & miferable Autheur.
C'eft ce que je tâchay de luy faire comprendre.

ORONTE.

Voila qui va fort bien, & je croy vous entendre.
Mais ne puis-je fçavoir ce que dans mon Sonnet.....

ALCESTE.

Franchement , il eft bon à mettre au Cabinet;
Vous vous eftes reglé fur de méchans Modelles ,
Et vos Expreffions ne font point naturelles.

B

> Qu'eſt-ce que *nous berce un temps noſtre ennuy,*
> *Et que rien ne marche apres luy?*
> *Que ne vous pas mettre en dépenſe,*
> *Pour ne me donner que l'Eſpoir?*
> *Et que Philis , on deſeſpere ,*
> *Alors qu'on eſpere toûjours ?*

Ce Stile figuré, dont on fait vanité,
Sort du bon Caractere, & de la Verité ;
Ce n'eſt que jeu de Mots, qu'affectation pure ,
Et ce n'eſt point ainſi que parle la Nature.
Le méchant Gouſt du Siecle en cela me fait peur ,
Nos Peres tous groſſiers, l'avoiët beaucoup meilleur;
Et je priſe bien moins tout ce que l'on admire,
Qu'une vieille Chanſon que je m'en vay vous dire.

> SI le Roy *m'avoit donné*
> *Paris ſa grand' Ville,*
> *Et qu'il me falût quitter*
> *L'amour de ma Mie ;*
> *Je dirois au Roy Henry,*
> *Reprenez voſtre Paris ,*
> *J'aime mieux ma Mie , au gué,*
> *J'aime mieux ma Mie.*

La Rime n'eſt pas riche & le Stile en eſt vieux :
Mais ne voyez-vous pas que cela vaut bien mieux
Que ces Colifichets dont le bon Sens murmure ,
Et que la Paſſion parle là toute pure ?

> *Si le Roy m'avoit donné*
> *Paris ſa grand' Ville,*
> *Et qu'il me falût quitter*
> *L'amour de ma mie ;*

Je dirois au Roy Henry,
Reprenez voftre Paris,
J'aime mieux ma Mie, au gué,
J'aime mieux ma Mie.

Voila ce que peut dire un Cœur vraiment épris.
Oüy, Monfieur le Rieur, malgré vos beaux Efprits,
J'eftime plus cela que la Pompe fleurie
De tous ces faux Brillans où chacun fe récrie.
            ORONTE *à Alcefte.*
Et moy je vous foûtiens que mes Vers font fort bons.
                ALCESTE.
Pour les trouver ainfi, vous avez vos Raifons ;
Mais vous trouverez bon que j'en puiffe avoir d'au-
Qui fe difpenferont de fe foûmettre aux vôtres. [tres
                ORONTE.
Il me fuffit de voir que d'autres en font cas.
                ALCESTE.
C'eft qu'ils ont l'art de feindre, & moy je ne l'ay pas.
                ORONTE.
Croyez-vous donc avoir tant d'Efprit en partage ?
                ALCESTE.
Si je loüois vos Vers j'en aurois davantage.
                ORONTE.
Je me pafferay bien que vous les approuviez.
                ALCESTE.
Il faut bien, s'il vous plaift, que vous vous en paffiez.
                ORONTE.
Je voudrois bien, pour voir, que de voftre maniere
Vous en compofaffiez fur la mefme Matiere.
                ALCESTE.
J'en pourrois, par malheur, faire d'auffi méchans ;
Mais je me garderois de les montrer aux Gens.
                ORONTE.
Vous me parlez bien ferme, & cette fuffifance....
                        B ij

ALCESTE.

Autre-part que chez moy, cherchez qui vous encenſe.

ORONTE.

Mais, mon petit Monſieur, prenez-le un peu moins

ALCESTE.   [haut.

Ma foy, mon grand Monſieur, je le prens côme il faut.

PHILINTE *ſe mettant entre deux.*

Eh ! Meſſieurs, c'en eſt trop, laiſſez cela, de grace.

ORONTE.

Ah ! j'ay tort, je l'avoüe, & je quitte la place ;
Je ſuis voſtre Valet, Monſieur, de tout mon cœur.

ALCESTE.

Et moy, je ſuis, Monſieur, voſtre humble Serviteur.

SCENE III.

PHILINTE, ALCESTE.

PHILINTE.

HE bien, vous le voyez ; pour eſtre trop ſincere ;
Vous voila ſur les bras une fâcheuſe affaire ;
Et j'ay bien vû qu'Oronte afin d'eſtre flaté.....

ALCESTE.

Ne me parlez pas.

PHILINTE.

Mais....

ALCESTE.

Plus de ſocieté.

PHILINTE.

C'eſt trop.

ALCESTE.

Laiſſez-moy là.

PHILINTE.

Si je....

ALCESTE.

Point de langage.

PHILINTE.

Mais quoy....

ALCESTE.

Je n'entens rien.

PHILINTE.

Mais...

ALCESTE.
Encor?
PHILINTE.
    On outrage....
ALCESTE.
Ah ! parbleu , c'en eſt trop , ne ſuivez point mes pas.
PHILINTE.
Vous vous mocquez de moy, je ne vous quitte pas.

Fin du Premier Acte.

ACTE II.
SCENE PREMIERE.

ALCESTE, CELIMENE.

ALCESTE.

ADAME, voulez-vous que je vous
   parle net ?
De vos façons d'agir, je suis mal satis-
   fait :
Contr'elles, dans mon Cœur, trop de
   Bile s'assemble,
Et je sens qu'il faudra que nous rompions ensemble.
Oüy, je vous tromperois de parler autrement,
Tost, ou tard, nous romprons indubitablement ;
Et je vous promettrois mille fois le contraire,
Que je ne serois pas en pouvoir de le faire.

CELIMENE.

C'est pour me quereller, donc, à ce que je voy,
Que vous avez voulu me ramener chez moy ?

ALCESTE.

Je ne querelle point ; mais vostre humeur, Madame,
Ouvre au premier venu trop d'accés dans vôre Ame ;
Vous avez trop d'Amans, qu'on voit vous obseder,
Et mon cœur de cela ne peut s'accommoder.

CELIMENE.

Des Amans que je fais, me rendez-vous coupable ?
Puis-je empefcher les Gens de me trouver aimable ?
Et lors que pour me voir ils font de doux efforts,
Dois-je prendre un bafton, pour les mettre dehors ?

ALCESTE.

Non, ce n'eft pas Madame, un Bafton qu'il faut pren-
dre,
Mais un Cœur à leurs vœux moins facile & moins
tendre.
Je fçay que vos Appas vous fuivent en tous Lieux,
Mais vôtre accueil retient ceux qu'attirent vos yeux;
Et fa douceur offerte à qui vous rend les Armes,
Acheve fur les Cœurs l'Ouvrage de vos Charmes.
Le trop riant Efpoir que vous leur prefentez,
Attache autour de vous leurs affiduitez;
Et voftre Complaifance, un peu moins étenduë,
De tant de Soûpirans chafferoit la Cohuë.
Mais au moins, dites-moy, Madame, par quel Sort
Voftre Clitandre a l'heur de vous plaire fi fort ?
Sur quel fonds de Mérite & de Vertu fublime,
Appuyez-vous en luy l'honneur de voftre Eftime ?
Eft-ce par l'Ongle long qu'il porte au petit Doigt,
Qu'il s'eft acquis chez vous l'Eftime où l'on le voit ?
Vous eftes-vous renduë avec tout le beau Monde,
Au merite éclatant de fa Perruque blonde ?
Sont-ce fes grands Canons, qui vous le font aimer ?
L'amas de fes Rubans a-t'il fçeu vous charmer ?
Eft-ce par les appas de fa vafte Reingrave,
Qu'il a gagné voftre Ame en faifant voftre Efclave ?
Ou fa façon de rire & fon ton de Fauffet,
Ont-ils de vous toucher fçeu trouver le fecret ?

CELIMENE.

Qu'injuftement de luy vous prenez de l'ombrage !
Ne fçavez-vous pas bien pourquoy je le ménage ?

Et

Et que dans mon procés, ainfi qu'il m'a promis,
Il peut intereffer tout ce qu'il a d'Amis,
ALCESTE.

Perdez voftre Procés, Madame, avec conftance,
Et ne ménagez point un Rival qui m'offenfe.
CELIMENE.

Mais de tout l'Univers vous devenez jaloux.
ALCESTE.

C'eft que tout l'Univers eft bien reçeu de vous.
CELIMENE.

C'eft ce qui doit raffeoir voftre Ame éfarouchée,
Puis que ma Complaifance eft fur tous épanchée :
Et vous auriez plus lieu de vous en offenfer,
Si vous me la voyiez, fur un feul ramaffer.
ALCESTE.

Mais moy que vous blâmez de trop de jaloufie,
Qu'ay-je de plus qu'eux tous, Madame, je vous prie?
CELIMENE.

Le bonheur de fçavoir que vous eftes aimé.
ALCESTE.

Et quel lieu de le croire à mon Cœur enflâmé ?
CELIMENE.

Je penfe qu'ayant pris le foin de vous le dire,
Un aueu de la forte a dequoy vous fuffire.
ALCESTE.

Mais qui m'affûrera que dans le mefme inftant,
Vous n'en difiez peut-eftre aux autres tout autant ?
CELIMENE.

Certes pour un Amant, la Fleurette eft mignonne,
Et vous me traitez là de gentille Perfonne.
Hé bien pour vous ofter d'un femblable foucy,
De tout ce que j'ay dit je me dédis icy :
Et rien ne fçauroit plus vous trôper que vous-même,
Soyez content.
ALCESTE.

Morbleu, faut-il que je vous aime ?
C

Ah! que si de vos mains je ratrappe mon Cœur,
Je beniray le Ciel de ce rare Bonheur!
Je ne le cele pas, je fais tout mon possible
A rompre de ce Cœur l'attachement terrible;
Mais mes plus grands éforts n'ont rien fait jusqu'ici;
Et c'est pour mes Pechez que je vous aime ainsi.

CELIMENE.

Il est vray, vostre ardeur est pour moy sans seconde.

ALCESTE.

Oüy, je puis là-dessus défier tout le Monde,
Mon amour ne se peut concevoir, & jamais
Personne n'a, Madame, aimé comme je fais.

CELIMENE.

En effet, la Methode en est toute nouvelle,
Car vous aimez les Gens pour leur faire querelle;
Ce n'est qu'en Mots fâcheux qu'éclate vostre ardeur,
Et l'on n'a veu jamais un Amour si grondeur.

ALCESTE.

Mais il ne tient qu'à vous que son chagrin ne passe,
A tous nos Démeslez coupons chemin de grace,
Parlons à Cœur ouvert, & voyons d'arrester....

SCENE II.

CELIMENE, ALCESTE, BASQUE.

CELIMENE.

Qu'est-ce ?

BASQUE.

Acaste est là-bas.

CELIMENE.

Hé bien, faites monter.

ALCESTE.

Quoy ! l'on ne peut jamais vous parler teste à teste ?
A recevoir le Monde, on vous voit toûjours preste:
Et vous ne pouvez pas vn seul moment de tous,
Vous résoudre à souffrir de n'estre pas chez vous ?

CELIMENE.

Voulez-vous qu'avec luy je me fasse vne affaire ?

ALCESTE.

Vous avez des Regards qui ne sçauroient me plaire.

CELIMENE.

C'est un Homme à jamais ne me le pardonner,
S'il sçavoit que sa veüe eust pû m'importuner.

ALCESTE.

Et que vous fait cela, pour vous gesner de sorte ?

CELIMENE.

Mon Dieu ! de ses Pareils la Bienveillance importe.
Et ce sont de ces Gens qui je ne sçay comment
Ont gagné dans la Cour de parler hautement.
Dans tous les Entretiens on les voit s'introduire ;
Ils ne sçauroient servir, mais ils peuvent vous nuire ;

C ij

Et jamais quelqu'apuy qu'on puiſſe avoir d'ailleurs,
On ne doit ſe broüiller avec ces grands Brailleurs.

ALCESTE.

Enfin, quoy qu'il en ſoit, & ſur quoy qu'on ſe fonde,
Vous trouvez des Raiſons pour ſouffrir tout le Mõde ;
Et les précautions de voſtre jugement.....

SCENE III.

BASQUE, ALCESTE, CELIMENE.

BASQUE.

Voicy Clitandre encor, Madame.

ALCESTE.

Il témoigne de s'en vouloir aller.   Juſtement.

CELIMENE.

Où courez-vous ?

ALCESTE.

Je ſors.

CELIMENE.

Demeurez.

ALCESTE.

Pourquoy faire ?

CELIMENE.

Demeurez.

ALCESTE.

Je ne puis.

CELIMENE.

Je le veux.

ALCESTE.

Point d'affaire ;

Ces Conversations ne font que m'ennuyer,
Et c'est trop que vouloir me les faire essuyer,

CELIMENE.

Je le veux, je le veux.

ALCESTE.

Non, il m'est impossible.

CELIMENE.

Hé bien, allez, sortez, il vous est tout loisible.

SCENE IV.

ELIANTE, PHILINTE, ACASTE, CLITANDRE, ALCESTE, CELIMENE, BASQUE.

ELIANTE.

Voicy les deux Marquis, qui montent avec nous;
Vous l'est-on venu dire?

CELIMENE.

à Alceste.   Oüy, des Sieges pour tous.
Vous n'estes pas sorty?

ALCESTE.

Non; mais je veux, Madame.
Ou pour eux, ou pour moy, faire expliquer vostre

CELIMENE.   [Ame,

Taisez-vous.

ALCESTE.

Aujourd'huy vous vous expliquerez.

CELIMENE.

Vous perdez le sens.

ALCESTE.
Point, Vous vous declarerez.
CELIMENE.
Ah !
ALCESTE.
Vous prendrez Party.
CELIMENE.
Vous vous moquez, je pense.
ALCESTE.
Non, mais vous choisirez, c'est trop de patience.
CLITANDRE.
Parbleu je viens du Louvre, où Cleonte, au Levé,
Madame, a bien paru Ridicule achevé.
N'a-t'il point quelque Amy qui pût sur ses Manieres,
D'un charitable Avis luy prester les lumieres ?
CELIMENE.
Dans le Monde, à vray dire, il se barboüille fort ;
Par tout il porte nn Air qui saute aux yeux d'abord ;
Et lors qu'on le revoit apres un peu d'absence,
On le retrouve encor plus plein d'extravagance.
ACASTE.
Parbleu, s'il faut parler de Gens extravagans,
Je viens d'en essuyer un des plus fatigans ;
Damon le Raisonneur, qui m'a ne vous déplaise,
Une heure, au grand Soleil, tenu hors de ma chaise.
CELIMENE.
C'est un Parleur étrange, & qui trouve toûjours
L'Art de ne vous rien dire, avec de grands Discours.
Dans les Propos qu'il tient on ne voit jamais goute,
Et ce n'est que du Bruit que tout ce qu'on écoute.
ELIANTE à *Philinte.*
Ce Debut n'est pas mal; & contre le Prochain,
La Conversation prend un assez bon train.
CLITANDRE.
Timante encor Madame, est un bon Caractere !
CELIMENE.
C'est de la Teste aux Pieds un Homme tout Mystere,

Qui vous jette en paffant un coup d'œil égaré ;
Et fans aucune Affaire eft toûjours affairé.
Tout ce qu'il vous debite en grimaces abonde;
A force de façons il affomme le Monde ;
Sans ceffe il a tout bas pour rompre l'Entretien ,
Un Secret à vous dire, & ce Secret n'eft rien ;
De la moindre Vetille il fait une Merveille ,
Et jufques au Bonjour il dit tout à l'oreille.

ACASTE.

Et Geralde, Madame ?

CELIMENE.

O l'ennuyeux Conteur !
Jamais on ne le voit fortir du Grand Seigneur ;
Dans le brillant Commerce il fe mefle fans ceffe ,
Et ne cite jamais que Duc, Prince , ou Princeffe.
La Qualité l'entefte, & tous fes Entretiens
Ne font que de Chevaux, d'Equipage, & de Chiens;
Il tutaye en parlant ceux du plus haut Etage,
Et le nom de Monfieur , eft chez luy hors d'ufage.

CLITANDRE.

On dit qu'avec Belife il eft du dernier Bien.

CELIMENE.

Le pauvre Efprit de Femme ! & le fec Entretien !
Lors qu'elle vient me voir, je fouffre le Martyre ,
Il faut fuer fans ceffe à chercher que luy dire ;
Et la fterilité de fon Expreffion ,
Fait mourir à tous coups la Converfation·
En vain pour attaquer fon ftupide filence,
De tous les Lieux communs vous prenez l'affiftance ;
Le beau Temps & la Pluye, & le Froid,& le Chaud,
Sont des Fonds qu'avec elle on épuife bientoft.
Cependant fa vifite affez infupportable ,
Traifne en une longueur encor épouventable ?
Et l'on demande l'heure, & l'on bâille vingt fois,
Qu'elle groüille auffi peu qu'une Piece de Bois.

ACASTE.

Que vous semble d'Adraste?

CELIMENE

Ah quel orgueil extrême!
C'est un Homme gonflé de l'amour de soy-même;
Son Merite jamais n'est content de la Cour,
Contr'elle il fait mestier de pester châque jour;
Et l'on ne donne Employ, Charge, ny Benefice,
Qu'à tout ce qu'il se croid on ne fasse injustice.

CLITANDRE.

Mais le jeune Cleon chez qui vont aujourd'huy
Nos plus honnestes Gens, que dites-vous de luy?

CELIMENE.

Que de son Cuisinier il s'est fait un Merite,
Et que c'est à sa Table, à qui l'on rend Visite.

ELIANTE,

Il prend soin d'y servir des Mets fort delicats.

CELIMENE.

Oüy, mais je voudrois bien qu'il ne s'y servist pas,
C'est un fort méchant Plat que sa sotte Personne,
Et qui gaste à mon goust tous les Repas qu'il donne.

PHILINTE.

On fait assez de cas de son Oncle Damis;
Qu'en dites vous, Madame?

CELIMENE.

Il est de mes Amis.

PHILINTE.

Je le trouve honneste Homme, & d'un air assez sage.

CELIMENE.

Oüy, mais il veut avoir trop d'Esprit, dont j'enrage;
Il est guindé sans cesse, & dans tous ses propos,
On void qu'il se travaille à dire de bons Mots.
Depuis que dans la teste il s'est mis d'estre habile,
Rien ne touche son goust tant il est difficile;

Il veut voir des Defauts à tout ce qu'on écrit,
Et pense que loüer n'est pas d'un bel Esprit.
Que c'est estre Sçavant que trouver à redire ;
Qu'il n'appartient qu'aux Sots d'admirer & de rire;
Et qu'en n'approuvant rien des Ouvrages du Temps,
Il se met au dessus de tous les autres Gens,
Aux Conversations mesme il trouve à reprendre,
Ce sont Propos trop bas pour y daigner descendre ;
Et les deux bras croisez du haut de son Esprit,
Il regarde en pitié tout ce que chacun dit.

ACASTE.

Dieu me damne, voila son Portrait veritable.

CLITANDRE.

Pour bien peindre les Gens vous estes admirable !

ALCESTE.

Allons, ferme, poussez mes bons Amis de Cour,
Vous n'en épargnez point, & chacun a son tour.
Cependant aucun d'eux à vos yeux ne se montre,
Qu'on ne vous voye en haste aller à sa rencontre,
Luy presenter la main, & d'un baiser flateur,
Appuyer les Sermens d'estre son Serviteur.

CLITANDRE.

Pourquoy s'en prendre à nous ? Si ce qu'on dit vous
    blesse,
Il faut que le reproche à Madame s'adresse.

ALCESTE.

Non morbleu, c'est-à-vous ; & vos Ris complaisans
Tirent de son Esprit tous ces traits médisans ;
Son Humeur Satyrique est sans cesse nourrie
Par le coupable Encens de vôtre Flaterie ;
Et son Cœur à railler trouveroit moins d'appas,
S'il avoit observé qu'on ne l'applaudist pas.
C'est ainsi qu'aux Flateurs on doit par tout se prendre,
Des Vices où l'on void les humains se répandre.

PHILINTE.

Mais pourquoy pour ces Gens un intereſt ſi grand;
Vous qui condamneriez ce qu'en eux on reprend ?

CELIMENE.

Et ne faut-il pas bien que Monſieur contrediſe ?
A la commune voix veut-on qu'il ſe reduiſe,
Et qu'il ne faſſe pas éclater en tous lieux,
L'Eſprit contrariant, qu'il a receu des Cieux ?
Le Sentiment d'autruy n'eſt jamais pour luy plaire,
Il prend toûjours en main l'opinion contraire,
Et penſeroit paroiſtre un Homme du commun,
Si l'on voyoit qu'il fût de l'avis de quelqu'un.
L'honneur de contredire a pour luy tant de charmes,
Qu'il prend contre luy-même aſſez ſouvĕt les armes;
Et ſes vrais Sentimens ſont combattus par luy,
Auſſi-toſt qu'il les void dans la bouche d'Autruy.

ALCESTE.

Les Rieurs ſont pour vous, Madame, c'eſt tout dire;
Et vous pouvez pouſſer contre moy la Satyre.

PHILINTE.

Mais il eſt veritable auſſi que voſtre Eſprit
Se gendarme toûjours contre tout ce qu'on dit ;
Et que par un chagrin que luy-même il avouë,
Il ne ſçauroit ſouffrir qu'on blâme ny qu'on louë.

ALCESTE.

C'eſt que jamais, morbleu, les Hommes n'ont raiſon :
Que le chagrin contr'eux eſt toûjours de Saiſon,
Et que je voy qu'ils ſont ſur toutes les Affaires,
Loüeurs impertinens, ou Cenſeurs temeraires.

CELIMENE.

Mais.....

ALCESTE.

Non, Madame, non, quand j'en devrois mourir,
Vous avez des plaiſirs que je ne puis ſouffrir;

Et l'on a tort icy de nourrir dans vostre Ame ,
Ce grand attachement aux Defauts qu'on y blâme.

CLITANDRE.

Pour moy je ne sçay pas; mais j'avoûrai tout haut ,
Que j'ay crû jusqu'icy , Madame sans Defaut.

ACASTE.

De Graces & d'Attraits je voy qu'elle est pourveuë;
Mais les Defauts qu'elle a ne frapent point ma veuë.

ALCESTE.

Ils frapent tous la mienne, & loin de m'en cacher,
Elle sçait que j'ay soin de les luy reprocher.
Plus on aime quelqu'un, moins il faut qu'on le flate ;
A ne rien pardonner le pur Amour éclate ;
Et je bannirois moy, tous ces lâches Amans,
Que je verrois soûmis à tous mes Sentimens,
Et dont à tous propos les molles Complaisances
Donneroient de l'Encens à mes Extravagances.

CELIMENE.

Enfin, s'il faut qu'à vous , s'en rapportent les Cœurs ,
On doit pour bien aimer renoncer aux Douceurs ;
Et du parfait Amour mettre l'Honneur supréme ,
A bien injurier les Personnes qu'on aime.

ELIANTE.

L'Amour pour l'ordinaire est peu fait à ces Loix,
Et l'on void les Amans vanter toûjours leur Choix :
Jamais leur Passion n'y void rien de blâmable,
Et dans l'Objet aimé tout leur devient aimable ;
Ils comptent les Defauts pour des Perfections ,
Et sçavent y donner de favorables Noms.
La Pâle est aux Jasmins en blancheur comparable ;
La Noire à faire peur, une Brune adorable ;
La Maigre a de la taille & de la liberté ;
La Grasse est dans son Port pleine de Majesté ;
La Mal-propre sur soy de peu d'Attraits chargée,
Est mise sous le nom de Beauté negligée ;

La Geante paroiſt une Déeſſe aux yeux ;
La Naine, un Abregé des Merveilles des Cieux ;
L'Orgueilleuſe a le Cœur digne d'une Couronne ;
La Fourbe a de l'Eſprit; la Sotte eſt toute bonne ;
La Trop Grande Parleuſe eſt d'agreable Humeur ;
Et la Müette garde une honneſte Pudeur.
C'eſt ainſi qu'un Amant dont l'ardeur eſt extréme,
Aime juſqu'aux Defauts des Perſonnes qu'il aime.

ALCESTE·

Et moy je ſoûtiens, moy...

CELIMENE.

              Briſons-là ce diſcours,
Et dans la Galerie allons faire deux tours.
Quoy ! vous vous en allez, Meſſieurs ?

CLITANDRE & ACASTE.

              Non pas , Madame.

ALCESTE.

La peur de leur départ occupe fort voſtre Ame ;
Sortez quand vous voudrez, Meſſieurs; mais j'avertis,
Que je ne ſors qu'apres que vous ſerez ſortis.

ACASTE.

A moins de voir Madame en eſtre importunée,
Rien ne m'appelle ailleurs de toute la journée.

CLITANDRE.

Moy, pourvû que je puiſſe eſtre au petit Couché ,
Je n'ay point d'autre Affaire où je ſois attaché.

CELIMENE.

C'eſt pour rire je croy.

ALCESTE..

              Non en aucune ſorte ,
Nous verrons ſi c'eſt moy que vous voudrez qui ſorte.

SCENE V.

BASQUE, ALCESTE, CELIMENE, ELIANTE, ACASTE, PHILINTE, CLITANDRE.

BASQUE.

Monsieur, un Homme est là, qui voudroit vous parler,
Pour Affaire, dit-il, qu'on ne peut reculer.

ALCESTE.

Dy-luy que je n'ay point d'Affaires si pressées.

BASQUE.

Il porte une Jaquette à grand' Basques plissées,
Avec du Dor dessus.

CELIMENE.

Allez voir ce que c'est,
Ou bien faites-le entrer.

ALCESTE.

Qu'est-ce donc qu'il vous plaist ?
Venez Monsieur.

SCENE VI.

GARDE, ALCESTE, CELIMENE, ELIANTE, ACASTE, PHILINTE, CLITANDRE.

GARDE.

Monſieur, j'ay deux mots à vous dire.

ALCESTE.

Vous pouvez parler haut, Monſieur, pour m'en inſ-
[truire.

GARDE.

Meſſieurs les Mareſchaux, dont j'ay cõmandement,
Vous mandent de venir les trouver promptement,
Monſieur.

ALCESTE.

Qui ? moy, Monſieur ?

GARDE.

Vous-meſme.

ALCESTE.

Et pourquoy faire ?

PHILINTE.

C'eſt d'Oronte & de Vous la ridicule Affaire.

CELIMENE.

Comment ?

PHILINTE.

Oronte & luy ſe ſont tantoſt bravez,
Sur certains petits Vers qu'il n'a pas approuvez ;
Et l'on veut aſſoupir la choſe en ſa naiſſance.

ALCESTE.

Moy, je n'auray jamais de lâche Complaiſance.

PHILINTE.

Mais il faut suivre l'Ordre, allons difpofez-vous.

ALCESTE.

Quel accommodement veut-on faire entre nous ?
La Voix de ces Meſſieurs me condamnera-t'elle
A trouver bons les Vers qui font noſtre Querelle ?
Ie ne me dédis point de ce que j'en ay dit,
Ie les trouve méchans.

PHILINTE.

Mais d'un plus doux Eſprit...

ALCESTE.

Ie n'en démordray point, les Vers ſont exécrables.

PHILINTE.

Vous deuez faire voir des Sentimens traitables ;
Allons, venez.

ALCESTE.

I'iray, mais rien n'aura pouvoir
De me faire dédire.

PHILINTE.

Allons vous faire voir.

ALCESTE.

Hors qu'un Cõmandement exprés du Roy me viẽne,
De trouver bons les Vers dont on ſe met en peine,
Ie ſoûtiédray toûjours morbleu, qu'ils ſõt mauvais
Et qu'un Homme eſt péndable apres les avoir faits.

A Clitandre & Acaſte, qui rient.

Par la ſangbleu, Meſſieurs je ne croyois pas eſtre
Si plaiſant que je ſuis.

CELIMENE.

Allez viſte paroiſtre
Où vous devez.

ALCESTE

J'y vais, Madame & ſur mes pas,
Ie reviens en ce lieu pour vuider nos Debats.

Fin du Second Acte.

ACTE III.

SCENE PREMIERE.

CLITANDRE, ACASTE.

CLITANDRE.

H E R Marquis je te voy l'Ame bien
satisfaite,
Toute chose t'égaye, & rien ne t'in-
quiete.
En bonne-foy, crois-tu sans t'éblouïr
les yeux,
Avoir de grands sujets de paroistre joyeux?

ACASTE.

Parbleu, je ne voy pas, lors que je m'examine,
Où prendre aucun sujet d'avoir l'Ame chagrine.
J'ay du bien, je suis jeune, & sors d'une Maison
Qui se peut dire Noble avec quelque raison ;
Et je croy par le Rang que me donne ma Race,
Qu'il est fort peu d'Emplois dont je ne sois en passe.
Pour le Cœur, dont sur tout nous devons faire cas,
On sçait sans vanité que je n'en manque pas ;
Et l'on m'a vû pousser dans le Monde une Affaire,
D'une assez vigoureuse & gaillarde maniere.
Pour de l'Esprit j'en ay sans doute, & du bon goût,
A juger sans Etude, & raisonner de tout ;

A faire

A faire aux Nouveautez , dont je suis idolatre ,
Figure de Sçavant sur les Bancs du Theatre ;
Y décider en chef , & faire du Fracas
A tous les beaux Endroits qui meritent des Has.
Je suis assez adroit, j'ay bon air, bonne mine ,
Les Dents belles sur tout , & la taille fort fine.
Quant à se mettre bien , je croy sans me flater ,
Qu'on seroit mal venu de me le disputer.
Je me voy dans l'Estime autant qu'on y puisse estre ,
Fort aimé du beau Sexe & bien auprés du Maistre :
Je croy qu'avec cela mon cher Marquis , je croy ,
Qu'on peut par tout païs estre content de soy.

CLITANDRE.

Oüy, mais trouvant ailleurs des Conquestes faciles ,
Pourquoy pousser icy des soûpirs inutiles ?

ACASTE.

Moy ? parbleu je ne suis pas de taille, ny d'humeur ,
A pouvoir d'une Belle essuyer la froideur.
C'est aux Gens mal-tournez, aux Merites vulgaires ,
A brûler constamment pour des Beautez severes ,
A languir à leurs piez, & souffrir leurs rigueurs ,
A chercher le secours des soûpirs & des pleurs ,
Et tâcher par des soins d'une tres-longue suite ;
D'obtenir ce qu'on nie à leur peu de merite.
Mais les Gens de mon air , Marquis, ne sõnt pas faits
Pour aimer à crédit , & faire tous les frais.
Quelque rare que soit le mérite des Belles ,
Je pense Dieu mercy qu'on vaut son prix cõme elles ;
Que pour se faire honneur d'un Cœur cõme le mien ,
Ce n'est pas la raison qu'il ne leur coûte rien :
Et qu'au moins à tout mettre en de justes Balances ,
Il faut qu'à frais communs se fassent les avances ,

CLITANDRE.

Tu penses donc, Marquis, estre fort bien icy ?

ACASTE.

J'ay quelque lieu , Marquis, de le penser ainsi.

CLITANDRE.
Croy-moy, détache-toy de cette erreur extrême;
Tu te flates mon cher, & t'aveugles toy-mème.
ACASTE.
Il est vray, je me flate, & m'aveugle en effet,
CLITANDRE.
Mais qui te fait juger ton bonheur si parfait ?
ACASTE.
Je me flate.

CLITANDRE.
Surquoy fonder tes Conjectures ?
ACASTE.
Je m'aveugle.

CLITANDRE.
En as-tu des preuves qui soient seures ?
ACASTE.
Je m'abuse, te dis-je.

CLITANDRE.
Est-ce que de ses vœux
Celimene t'a fait quelques secrets aveux ?
ACASTE.
Non, je suis mal traité.

CLITANDRE.
Répond-moy, je te prie.
ACASTE.
Je n'ay que des rebuts.

CLITANDRE.
Laissons la raillerie,
Et me dis quel espoir on peut t'avoir donné.
ACASTE.
Je suis le Miserable, & toy le Fortuné,
On a pour ma Personne une aversion grande ;
Et quelqu'un de ces jours il faut que je me pende.
CLITANDRE.
O ça, veux tu, Marquis, pour ajuster nos vœux,
Que nous tombions d'accord d'une chose tous deux ?

Que qui pourra montrer une marque certaine
D'avoir meilleure part au cœur de Celimene,
L'autre icy fera place au Vainqueur prétendu,
Et le delivera d'un Rival assidu ?

ACASTE.

Ah ! parbleu tu me plais avec un tel langage ;
Et du bon de mon cœur, à cela je m'engage.
Mais chut.

SCENE II.

CELIMENE, ACASTE, CLITANDRE.

CELIMENE.

ENcor icy ?

CLITANDRE.

L'Amour retient nos pas.

CELIMENE.

Je viens d'oüir entrer un Carosse là-bas,
Sçavez-vous qui c'est ?

CLITANDRE.

Non.

SCENE III.

BASQUE, CELIMENE, ACASTE, CLITANDRE.

BASQUE.

ARsinoé, Madame,
Monte icy pour vous voir.

CELIMENE.

Que me veut cette Femme ?

BASQUE.

Eliante là-bas, est à l'entrenir.

CELIMENE.

Dequoy s'avise-t'elle ? & qui la fait venir ?

ACASTE.

Pour Prude consommée en tous Lieux elle passe ;
Et l'ardeur de son zele .....

CELIMENE.

Oüy, oüy, franche Grimace,
Dans l'Ame elle est du Monde,& ses soins tentêt tout
Pour accrocher quelqu'un, sans en venir à bout.
Elle ne sçauroit voir qu'avec un œil d'envie,
Les Amans declarez dont une autre est suivie ;
Et son triste Merite abandonné de tous,
Contre le Siecle aveugle est toûjours en courroux.
Elle tâche à couvrir d'un faux zele de Prude,
Ce que chez elle on voit d'affreuse Solitude,
Et pour sauver l'honneur de ses foibles Appas,
Elle attache du crime au pouvoir qu'ils n'ont pas.

Cependant un Amant plairoit fort à la Dame,
Et mesme pour Alceste elle a tendresse d'Ame;
Ce qu'il me rend de soins, outrage ses Attraits,
Elle veut que ce soit un Vol que je luy fais ;
Et son jaloux dépit qu'avec peine elle cache,
En tous endroits sous main contre moy se détache.
Enfin je n'ay rien vû de si sot à mon gré,
Elle est impertinente au suprême Degré;
Et....

SCENE IV.

ARSINOE, CELIMENE.

CELIMENE

AH ! quel heureux Sort en ce Lieu vous amene ?
Madame sans mentir j'estois de vous en peine.
ARSINOE'.
Je viens pour quelque avis que j'ay crû vous devoir.
CELIMENE.
Ah ! mon Dieu que je suis contente de vous voir !
ARSINOE'.
Leur départ ne pouvoit plus à propos se faire.
CELIMENE.
Voulons-nous nous asseoir ?
ARSINOE.
          Il n'est pas necessaire,
Madame, l'Amitié doit sur tout éclater
Aux choses qui le plus nous peuvent importer;
Et côme il n'en est point de plus grande importance
Que celles de l'Honneur, & de la Bienseance,

Je viens par un avis qui touche voſtre Honneur,
Témoigner l'amitié que pour vous a mon Cœur.
Hier, j'eſtois chez des Gens de Vertu ſinguliere,
Où ſur vous du Diſcours on tourna la matiere;
Et là, voſtre Conduite avec ſes grands éclats,
Madame, eut le malheur qu'on ne la loüa pas.
Cette foule de Gens dont vous ſouffrez viſite,
Voſtre Galanterie, & les bruits qu'elle excite,
Trouverent des Cenſeurs plus qu'il n'auroit falu,
Et bien plus rigoureux que je n'euſſe voulu.
Vous pouvez bien penſer quel Party je ſçeus prendre
Je fis ce que je pûs pour vous pouvoir defendre,
Je vous excuſay fort ſur voſtre intention,
Et voulus de voſtre Ame eſtre la caution.
Mais vous ſçavez qu'il eſt des choſes dans la vie,
Qu'on ne peut excuſer quoy qu'on en ait envie;
Et je me vis contrainte à demeurer d'accord,
Que l'air dont vous viviez, vous faiſoit un peu tort.
Qu'il prenoit dans le Monde une méchante face;
Qu'il n'eſt conte fâcheux que par tout on n'en faſſe
Et que ſi vous vouliez, tous vos déportemens
Pourroient moins dõner priſe aux mauvais jugemẽs;
Non que j'y croye au fonds, l'Honneſteté bleſſée,
Me preſerve le Ciel d'en avoir la penſée,
Mais aux ombres du crime on preſte aiſément foy,
Et ce n'eſt pas aſſez de bien vivre pour ſoy.
Madame, je vous croy l'Ame trop raiſonnable,
Pour ne pas prendre bien cet avis profitable,
Et pour l'attribüer qu'aux mouvemens ſecrets
D'un zele qui m'attache à tous vos intereſts.

CELIMENE.

Madame, j'ay beaucoup de graces à vous rendre,
Un tel avis m'oblige, & loin de le mal prendre,
J'en prétens reconnoiſtre à l'inſtant la faveur,
Par un avis auſſi qui touche voſtre Honneur:

Et comme je vous vois vous montrer mon Amie,
En m'apprenant les bruits que de moy l'on publie,
Je veux suivre à mon tour un exemple si doux,
En vous avertissant de ce qu'on dit de vous.
En un Lieu l'autre jour où je faisois visite,
Je trouvay quelques Gens d'un tres-rare merite,
Qui parlant des vrais Soins d'une Ame qui vit bien,
Firent tomber sur vous, Madame, l'entretien.
Là vostre Pruderie, & vos éclats de zele,
Ne furent pas citez comme un fort bon Modele :
Cette affectation d'un grave Exterieur,
Vos Discours éternels de Sagesse, & d'Honneur,
Vos mines, & vos cris aux Ombres d'indecence,
Que d'un Mot ambigu peut avoir l'Innocence ;
Cette hauteur d'Estime où vous estes de vous,
Et ces yeux de pitié que vous jettez sur tous,
Vos frequentes Leçons, & vos aigres Censures,
Sur des choses qui sont innocentes & pures ;
Tout cela, si je puis vous parler franchement,
Madame, fut blâmé d'un commun Sentiment.
A quoy bon, disoient-ils, cette Mine modeste,
Et ce sage Dehors que dément tout le reste ?
Elle est à bien prier exacte au dernier point,
Mais elle bat ses Gens, & ne les paye point.
Dans tous les Lieux devots elle étale un grand Zele,
Mais elle met du blanc, & veut paroistre belle ;
Elle fait des Tableaux couvrir les Nuditez,
Mais elle a de l'amour pour les Realitez.
Pour moy contre chacun je pris vostre defense,
Et leur asseuray fort que c'estoit Médisance ;
Mais tous les Sentimens combattirent le mien,
Et leur conclusion fut que vous feriez bien,
De prendre moins de soin des Actions des autres,
Et de vous mettre un peu plus en peine des vostres.
Qu'on doit se regarder soy-même un fort longtemps,
Avant que de songer à condamner les Gens ;

Qu'il faut mettre le poids d'une Vie exemplaire,
Dans les corrections qu'aux autres on veut faire ;
Et qu'encor vaut-il mieux s'en remettre au besoin,
A ceux à qui le Ciel en a commis le Soin.
Madame, je vous crois aussi trop raisonnable,
Pour ne pas prendre bien cet avis profitable,
Et pour l'attribuer qu'aux mouvemens secrets,
D'un zele qui m'attache à tous vos interests.

ARSINOE'.

A quoy qu'en reprenant on soit assujettie,
Je ne m'attendois pas à cette repartie,
Madame, & je vois bien par ce qu'elle a d'aigreur,
Que mon sincere avis vous a blessée au cœur.

CELIMENE.

Au contraire Madame, & si l'on estoit sage,
Ces avis mutuels seroient mis en usage ;
On détruiroit par là, traitant de bonne foy,
Ce grand aveuglement où chacun est pour soy:
Il ne tiendra qu'à vous qu'avec le mesme zele,
Nous ne continuyons cet office fidelle ;
Et ne prenions grand soin de nous dire entre nous,
Ce que nous entendrons, vous de moy, moy de vous.

ARSINOE.

Ah ! Madame, de vous je ne puis rien entendre ;
C'est en moy que l'on peut trouver fort à reprendre.

CELIMENE.

Madame, on peut je croy loüer, & blâmer tout,
Et chacun a raison suivant l'âge, ou le goût :
Il est une Saison pour la Galanterie,
Il en est une aussi propre à la Pruderie ;
On peut par Politique en prendre le party,
Quand de nos jeunes ans l'éclat est amorty,
Cela sert à couvrir de fâcheuses disgraces.
Je ne dis pas qu'un jour je ne suive vos traces,
L'Age amenera tout & ce n'est pas le temps,
Madame, comme on sçait, d'estre Prude à vingt ans.

ARSINOE'.

ARSINOE'.

Certes vous vous targuez d'un bien foible avantage,
Et vous faites sonner terriblement vostre âge :
Ce que de plus que vous on en pourroit avoir,
N'est pas un si grand cas pour s'en tant prévaloir,
Et je ne sçay pourquoy vostre Ame ainsi s'emporte,
Madame, à me pousser de cette étrange sorte.

CELIMENE.

Et moy je ne sçay pas, Madame, aussi pourquoy
On vous void en tous Lieux vous déchaîner sur moy.
Faut-il de vos chagrins sans cesse à moy vous prédre?
Et puis-je mais des soins qu'on ne va pas vous rendre?
Si ma Personne aux Gens inspire de l'amour,
Et si l'on continuë à m'offrir chaque jour
Des vœux que vôtre cœur peut souhaiter qu'on m'ôte,
Je n'y sçaurois que faire, & ce n'est pas ma faute ;
Vous avez le Champ libre, & je n'empesche pas,
Que pour les attirer vous n'ayez des Appas.

ARSINOE'.

Helas ! & croyez-vous que l'on se mette en peine
De ce nombre d'Amans dont vous faites la vaine ;
Et qu'il ne nous soit pas fort aisé de juger,
A quel prix aujourd'huy l'on peut les engager ?
Pensez-vous faire croire, à voir comme tout roule,
Que vostre seul Merite attire cette foule ?
Qu'ils ne brûlent pour vous que d'un hõneste amour,
Et que pour vos Vertus ils vous font tous la Cour?
On ne s'aveugle point par de vaines défaites,
Le Monde n'est point Dupe, & j'en voids qui font fai-
A pouvoir inspirer de tendres Sentimens,   [tes
Qui chez elles pourtant ne fixent point d'Amans ;
Et de là nous pouvons tirer des consequences
Qu'on n'acquiert point leurs Cœurs sans de grandes
      avances ;
Qu'aucun pour nos beaux yeux n'est nôtre Soupirant,
Et qu'il faut acheter tous les Soins qu'on nous rend.

Ne vous enflez donc point d'une si grande gloire
Pour les petits Brillans d une foible Victoire;
Et corrigez un peu l'orgueil de vos Appas,
De traiter pour cela les Gens de haut en bas.
Si nos yeux envioient les conqueſtes des voſtres,
Je penſe qu'on pourroit faire comme les autres,
Ne ſe point ménager, & vous faire bien voir,
Que l'on a des Amans quand on en veut avoir.

CELIMENE.

Ayez-en donc Madame, & voyons cette affaire.
Par ce rare Secret, efforcez-vous de plaire:
Et ſans...

ARSINOE'.

Briſons, Madame, un pareil Entretien,
Il pouſſeroit trop loin voſtre Eſprit & le mien :
Et j'aurois pris déja le congé qu'il faut prendre,
Si mon Caroſſe encor ne m'obligeoit d'attendre.

CELIMENE.

Autant qu'il vous plaira vous pouvez arreſter,
Madame, & la-deſſus rien ne doit vous haſter :
Mais ſans vous fatiguer de ma céremonie,
Je m'en vais vous donner meilleure Compagnie;
Et Monſieur qu'à propos le Hazard fait venir,
Remplira mieux ma place à vous entretenir.
Alceſte, il faut que j'aille écrire un mot de Lettre,
Que ſans me faire tort je ne ſçaurois remettre;
Soyez avec Madame, elle aura la bonté
D'excuſer aiſément mon incivilité.

SCENE V.

ALCESTE, ARSINOE,

ARSINOE'.

VOus voyez, elle veut que je vous entretienne,
Attendant un moment que mon Carosse vienne,
Et jamais tous ses soins ne pouvoient m'offrir rien,
Qui me fust plus charmant qu'un pareil Entretien.
En verité les Gens d'un Merite sublime,
Entraînent de chacun, & l'amour & l'estime;
Et le vostre sans doute a des Charmes secrets,
Qui font entrer mon cœur dans tous vos interests.
Je voudrois que la Cour par un regard propice,
A ce que vous valez rendist plus de justice:
Vous avez à vous plaindre, & je suis en courroux,
Quand je voy chaque jour qu'on ne fait rien pour
[vous.

ALCESTE.

Moy, Madame? & surquoi pouroisje en rien prétédre?
Quel service à l'Etat est-ce qu'on m'a vû rendre?
Qu'ay-je fait, s'il vous plaist, de si brillant de soy,
Pour me plaindre à la Cour qu'on ne fait rien pour
[moy?

ARSINOE'.

Tous ceux sur qui la Cour jette des yeux propices,
N'ont pas toûjours rendu de ces fameux Services;
Il faut l'Occasion ainsi que le Pouvoir:
Et le Merite enfin que vous nous faites voir,
Devroit....

ALCESTE.

Mon Dieu! laissons mon Merite, de grace?
Dequoy voulez-vous là que la Cour s'embarasse?

Elle auroit fort à faire, & ses Soins seroient grands,
D'avoir à deterrer le Merite des Gens.
                ARSINOE'.
Un Merite éclatant se déterre luy-même ;
Du vostre en bien des Lieux on fait un cas extrême ;
Et vous sçaurez de moy qu'en deux fort bõs endroits,
Vous fûtes hier loüé par des Gens d'un grand poids.
                ALCESTE.
Eh ! Madame, l'on loüe aujourd'huy tout le Monde,
Et le Siecle par là n'a rien qu'on ne confonde ;
Tout est d'un grand Merite également doüé,
Ce n'est plus un Honneur que de se voir loüé ;
D'Eloges on regorge ; à la teste on les jette,
Et mon Valet de Chambre est mis dans la Gazette.
                ARSINOE'.   [mieux,
Pour moy je voudrois bien que pour vous montrer
Une Charge à la Cour vous pût fraper les yeux :
Pour peu que d'y songer vous nous fassiez les mines,
On peut pour vous servir remuer des Machines ;
Et j'ay des Gens en main que j'employiray pour vous,
Qui vous feront à tout un chemin assez doux.
                ALCESTE.
Et que voudriez-vous, Madame, que j'y fisse ?
L'humeur dont je me sens veut que je m'en bannisse ;
Le Ciel ne m'a point fait en me donnant le jour,
Une Ame compatible avec l'air de la Cour.
Je ne me trouve point les Vertus necessaires
Pour y bien réüssir, & faire mes affaires.
Estre franc & sincere est mon plus grand Talent,
Je ne sçais point joüer les Hommes en parlant ;
Et qui n'a pas le don de cacher ce qu'il pense,
Doit faire en ce Païs fort peu de residence.
Hors de la Cour sans doute on n'a pas cet appuy,
Et ces Titres d'Honneur qu'elle donne aujourd'huy ;
Mais on n'a pas aussi perdant ces Avantages,
Le chagrin de joüer de fort sots Personnages.

On n'a point à souffrir mille rebuts cruels,
On n'a point à loüer les Vers de Messieurs Tels,
A donner de l'Encens à Madame une Telle,
Et de nos francs Marquis essuyer la cervelle.

ARSINOE'.

Laissons, puis qu'il vous plaist, ce Chapitre de Cour,
Mais il faut que mon Cœur vous plaigne en vostre
    amour ;
Et pour vous découvrir là-dessus mes pensées,
Je souhaiterois fort vos ardeurs mieux placées :
Vous meritez sans doute un Sort beaucoup plus doux,
Et celle qui vous charme est indigne de vous.

ALCESTE.

Mais en disant cela, songez-vous je vous prie,
Que cette Personne est, Madame, vostre Amie ?

ARSINOE'.

Oüy, mais ma Conscience est blessée en effet,
De souffrir plus long-temps le tort que l'on vous fait :
L'estat où je vous vois afflige trop mon Ame,
Et je vous donne avis, qu'on trahit vostre flâme.

ALCESTE.

C'est me montrer, Madame, un tendre mouvement ;
Et de pareils avis obligent un Amant.

ARSINOE'·

Oüy, toute mon Amie, elle est, & je la nomme,
Indigne d'asservir le Cœur d'un galant Homme :
Et le sien n'a pour vous que de feintes douceurs.

ALCESTE.

Cela se peut, Madame, on ne void pas les Cœurs ;
Mais vostre charité se seroit bien passée
De jetter dans le mien une telle pensée.

ARSINOE'.

Si vous ne voulez pas estre desabusé,
Il faut ne vous rien dire, il est assez aisé.

ALCESTE.

Non; mais sur ce sujet quoy que l'on nous expose,
Les doutes sont fâcheux plus que toute autre chose;
Et je voudrois pour moy, qu'on ne me fist sçavoir
Que ce qu'avec clarté l'on peut me faire voir.

ARSINOE'.

Hé bien, c'est assez dit; & sur cette matiere,
Vous allez recevoir une pleine lumiere.
Oüy, je veux que de tout vos yeux vous fassent foy,
Donnez-moy seulement la main jusques chez moy.
Là, je vous feray voir vne preuve fidelle
De l'infidelité du Cœur de vostre Belle :
Et si pour d'autres yeux le vostre peut brûler,
On pourra vous offrir dequoy vous consoler.

Fin du Troisiéme Acte.

ACTE IV.
SCENE PREMIERE.
ELIANTE, PHILINTE.

PHILINTE.

NON, l'on n'a point vû d'Ame à ma-
nier si dure,
Ny d'Accommodement plus penible à
conclure;
En vain de tous costez on l'a voulu
tourner,
Hors de son Sentiment on n'a pû l'entraîner;
Et jamais Differend si bizarre, je pense,
N'avoit de ces Messieurs occupé la prudence.
Non, Messieurs, disoit-il, je ne me dedis point,
Et tomberay d'accord de tout, hors de ce Poinct.
Dequoy s'offense-t'il ? & que veut-il me dire ?
Y va-t'il de sa gloire à ne pas bien écrire ?
Que luy fait mon avis qu'il a pris de travers ?
On peut-estre honneste Hôme, & faire mal des Vers;
Ce n'est point à l'honneur, que touchent ces matieres,
Je le tiens galant Homme en toutes les manieres,
Homme de Qualité, de Merite, & de Cœur,
Tout ce qu'il vous plaira, mais fort méchant Auteur:
Je loüerai si l'on veut son Train, & sa Dépense,
Son adresse à Cheval, aux Armes, à la Danse;

E iiij

Mais pour loüer ses Vers je suis son Serviteur;
Et lors que d'en mieux faire on n'a pas le bonheur,
On ne doit de Rimer avoir aucune envie,
Qu'on n'y soit condamné sur peine de la vie.
Enfin toute la Grace & l'Accommodement,
Où s'est avec effort plié son Sentiment,
C'est de dire croyant adoucir bien son style,
Monsieur, je suis fâché d'estre si difficile,
Et pour l'amour de vous je voudrois de bon cœur,
Avoir trouvé tantost vostre Sonnet meilleur;
Et dans une Embrassade on leur a pour conclure,
Fait viste envelopper toute la Procedure.

ELIANTE.

Dans ses façons d'agir il est fort singulier,
Mais j'en fais, je l'avouë, un cas particulier;
Et la sincerité dont son Ame se picque,
A quelque chose en soy de noble, & d'heroïque;
C'est une Vertu rare au Siecle d'aujourd'huy,
Et je la voudrois voir par tout comme chez luy.

PHILINTE.

Pour moy plus je le voy, plus sur tout je m'étonne
De cette Passion où son cœur s'abandonne :
De l'humeur dont le Ciel a voulu le former,
Je ne sçay pas comment il s'avise d'aimer;
Et je sçais moins encor comment vostre Cousine
Peut estre la Personne où son Penchant l'incline.

ELIANTE.

Cela fait assez voir que l'Amour dans les cœurs,
N'est pas toûjours produit par un raport d'humeurs;
Et toutes ces raisons de douces Sympathies,
Dans cet exemple-cy se trouvent démenties.

PHILINTE.

Mais croyez-vous qu'on l'aime aux choses qu'on peut

ELIANTE. [voir?

C'est un Poinct qu'il n'est pas fort aisé de sçavoir.

Comment pouvoir juger s il eſt vray qu'elle l'aime ?
Son cœur de ce qu'il ſent n'eſt pas bien ſeur luy-mê-
Il aime quelquefois ſans qu'il le ſçache bien,   [me;
Et croit aimer auſſi par fois qu'il n'en eſt rien.

PHILINTE.

Je croy que noſtre Amy prés de cette Couſine ,
Trouvera des chagrins plus qu'il ne s'imagine ;
Et s'il avoit mon cœur, à dire verité,
Il tourneroit ſes vœux tout d'un autre coſté;
Et par un choix plus juſte on le verroit Madame ,
Profiter des bontez que luy montre voſtre Ame.

ELIANTE.

Pour moy je n'en fais point de façons, & je croy
Qu'on doit ſur de tels Poinéts eſtre de bonne foy :
Je ne m'oppoſe point à toute ſa tendreſſe ,
Au contraire, mon cœur pour elle s'intereſſe;
Et ſi c'eſtoit qu'à moy la choſe pûst tenir ,
Moy meſme à ce qu'il aime on me verroit l'unir.
Mais ſi dans un tel Choix, comme tout ſe peut faire,
Son Amour éprouvoit quelque Deſtin contraire ,
S'il faloit que d'une autre on couronnât les Feux ,
Je pourrois me reſoudre à recevoir ſes vœux ;
Et le refus ſouffert en pareille occurrence ,
Ne m'y feroit trouver aucune répugnance.

PHILINTE.

Et moy de mon coſté je ne m'oppoſe pas ,
Madame, à ces bontez qu'ont pour luy vos Appas;
Et luy-meſme, s'il veut, il peut bien vous inſtruire
De ce que là-deſſus j'ay pris ſoin de luy dire.
Mais ſi par un Hymen qui les joindroit eux deux ,
Vous eſtiez hors d'état de recevoir ſes vœux ;
Tous les miens tenteroient la faveur éclatante ,
Qu'avec tant de bonté voſtre Ame luy preſente ;
Heureux ſi quand ſon cœur s'y pourra dérober ,
Elle pouvoit ſur moy, Madame, retomber.

ELIANTE.

Vous vous divertiſſez, Philinte.

PHILINTE.

Non Madame,

Et je vous parle icy du meilleur de mon Ame ;
J'attens l'occaſion de m'offrir hautement,
Et de tous mes ſouhaits j'en preſſe le moment.

SCENE II.

ALCESTE, ELIANTE, PHILINTE.

ALCESTE.

AH ! faites-moy raiſon, Madame, d'une Offenſe
Qui vient de triompher de toute ma conſtance.

ELIANTE,

Qu'eſt ce donc ? qu'avez-vous qui vous puiſſe émou-

ALCESTE.   [voir?

J'ay ce que ſans mourir je ne puis concevoir ;
Et le Déchaînement de toute la Nature
Ne m'accableroit pas comme cette Avanture.
C'en eſt fait... mon amour... je ne ſçaurois parler.

ELIANTE.

Que voſtre Eſprit un peu tâche à ſe r'appeller.

ALCESTE.

O juſte Ciel! faut-il qu'on joigne à tant de Graces,
Les Vices odieux des Ames les plus baſſes ?

ELIANTE·

Mais encor, qui vous peut....

ALCESTE.

                              Ah ! tout eſt ruiné.
Je ſuis, je ſuis trahy, je ſuis aſſaſſiné :
Celimene.... Euſt-on pû croire cette nouvelle ?
Celimene me trompe, & n'eſt qu'une Infidelle.

ELIANTE.

Avez vous pour le croire un juſte fondement ?

PHILINTE.

Peut-eſtre eſt-ce un Soupçon conçeu legerement,
Et voſtre eſprit jaloux, prend par fois des Chimeres..

ALCESTE.

Ah! morbleu, meſlez-vous Monſieur, de vos Affaires.
C'eſt de ſa Trahiſon n'eſtre que trop certain,
Que l'avoir dans ma poche écrite de ſa main.
Oüy, Madame, une Lettre écrite pour Oronte,
A produit à mes yeux ma diſgrace & ſa honte ;
Oronte, dont je crûs qu'elle fuyoit les ſoins,
Et que de mes Rivaux je redoutois le moins.

PHILINTE.

Une lettre peut bien tromper par l'apparence,
Et n'eſt pas quelquefois ſi coupable qu'on penſe.

ALCESTE.

Monſieur, encor un coup, laiſſez moy, s'il vous plaiſt,
Et ne prenez ſoucy que de voſtre intereſt.

ELIANTE.

Vous devez moderer vos tranſports, & l'outrage.....

ALCESTE.

Madame, c'eſt à vous qu'appartient cet Ouvrage,
C'eſt-à-vous que mon cœur a recours aujourd'huy,
Pour pouvoir s'affranchir de ſon cuiſant ennuy.
Vengez-moy d'une ingrate, & perfide Parente,
Qui trahit lachement une ardeur ſi conſtante ;
Vengez-moy de ce trait qui doit vous faire horreur.

ELIANTE.

Moy, vous venger ? comment ?

ALCESTE.

                En recevant mon cœur,
Acceptez-le, Madame, au lieu de l'Infidelle,
C'est par là que je puis prendre vengeance d'elle:
Et je la veux punir par les sinceres Vœux,
Par le profond Amour, les soins respectueux,
Les Devoirs empressez & l'assidu Service
Dont ce Cœur va vous faire un ardent Sacrifice.

ELIANTE.

Je compatis sans doute à ce que vous souffrez,
Et ne méprise point le Cœur que vous m'offrez:
Mais peut-estre le Mal n'est pas si grand qu'on pense,
Et vous pourrez quitter ce Desir de Vengeance.
Lors que l'Injure part d'un Objet plein d'Appas,
On fait force Desseins qu'on n'execute pas:
On a beau voir pour rompre une Raison puissante,
Une Coupable aimée est bien-tost innocente;
Tout le mal qu'on luy veut, se dissipe aisement,
Et l'on sçait ce que c'est qu'un courroux d'un Amant.

ALCESTE.

Non, non, Madame, non, l'offense est trop mortelle,
Il n'est point de retour & je romps avec elle:
Rien ne sçauroit changer le Dessein que j'en fais,
Et je me punirois, de l'estimer jamais.
La voicy. Mon courroux redouble à cette approche,
Je vais de sa noirceur luy faire un vif reproche,
Pleinement la confondre, & vous porter apres
Un cœur tout degagé de ses trompeurs attraits.

SCENE III.

CELIMENE, ALCESTE.

ALCESTE.

O Ciel ! de mes transports puis-je estre icy le
Maistre ?
CELIMENE.   [raistre?

Oüais, quel est donc le trouble où je vous voy pa-
Et que me veulent dire & ces Soûpirs poussez,
Et ces sombres Regards que sur moy vous lancez ?
ALCESTE.

Que toutes les Horreurs dont une Ame est capable,
A vos Déloyautez n'ont rien de comparable :
Que le Sort, les Demons, & le Ciel en courroux,
N'ont jamais rien produit de si méchant que vous.
CELIMENE.

Voila certainement des Douceurs que j'admire!
ALCESTE.

Ah ! ne ne plaisantez point, il n'est pas temps de rire,
Rougissez bien plûtost, vous en avez raison :
Et j'ay de seurs Témoins de vostre Trahison.
Voila ce que marquoient les Troubles de mon Ame;
Ce n'estoit pas en vain que s'alarmoit ma flâme :
Par ces frequents Soupçons qu'on trouvoit odieux,
Je cherchois le malheur qu'ont rencontré mes yeux:
Et malgré tous vos soins & vostre adresse à feindre,
Mon Astre me disoit ce que j'avois à craindre :
Mais ne présumez pas que sans estre vangé,
Je souffre le Dépit de me voir outragé.

Je sçay que sur les Vœux on n'a point de puissance,
Que l'Amour veut par tout naistre sans dependance;
Que jamais par la force on n'entra dans un Cœur,
Et que toute Ame est libre à nommer son Vainqueur.
Aussi ne trouverois-je aucun sujet de Plainte,
Si pour moy vostre Bouche avoit parlé sans feinte;
Et rejettant mes vœux dés le premier abord,
Mon Cœur n'auroit eu droit de s'en prédre qu'au fort.
Mais d'un Aveu trompeur voir ma flâme applaudie,
C'est une Trahison, c'est une Perfidie,
Qui ne sçauroit trouver de trop grands Châtimens:
Et je puis tout permettre à mes ressentimens.
Ouy, ouy, redoutez tout apres un tel Outrage,
Je ne suis plus à moy, je suis tout à la Rage:
Percé du Coup mortel dont vous m'assassinez,
Mes Sens par la Raison ne sont plus gouvernez;
Je cede aux mouvemens d'une juste Colere,
Et je ne répons pas de ce que je puis faire.

CELIMENE.

D'où vient donc, je vous prie, un tel Emportement?
Avez-vous, dites-moy, perdu le Jugement?

ALCESTE

Ouy, ouy, je l'ay perdu lors que dans vostre vuë
J'ay pris pour mon Malheur le Poison qui me tuë,
Et que j'ay crû trouver quelque Sincerité
Dans les traiftres Appas dont je fus enchanté.

CELIMENE.

De quelle trahison pouvez-vous donc vous plaindre?

ALCESTE.　　　　　　[dre!

Ah! que ce cœur est double, & sçait bien l'Art de fein-
Mais pour le mettre à bout j'ay des moyës tout prests:
Jettez icy les yeux & connoissez vos Traits;
Ce Billet découvert suffit pour vous confondre,
Et contre ce Témoin on n'a rien à répondre.

CELIMENE.

Voila donc le Sujet qui vous trouble l'Esprit?

ALCESTE.

Vous ne rougissez pas en voyant cet Ecrit ?

CELIMENE.

Et par quelle raison faut-il que j'en rougisse ?

ALCESTE.

Quoy ! vous joignez icy l'Audace à l'Artifice ?
Le desavoüerez-vous pour n'avoir point de seing ?

CELIMENE.

Pourquoy desavoüer un Billet de main ?

ALCESTE.

Et vous pouvez le voir sans demeurer confuse
Du crime dont vers moy son Stile vous accuse ?

CELIMENE.

Vous estes sans mentir un grand Extravagant.

ALCESTE.

Quoy ! vous bravez ainsi ce Témoin convainquant ?
Et ce qu'il m'a fait voir de douceur pour Oronte,
N'a donc rien qui m'outrage & qui vous fasse honte ?

CELIMENE.

Oronte ! Qui vous dit que la Lettre est pour luy ?

ALCESTE.

Les Gens qui dans mes mains l'ōt remise aujourd'hui.
Mais je veux consentir qu'elle soit pour un autre,
Mon cœur en a-t'il moins à se plaindre du vôtre ?
En serez-vous vers moy moins coupable en effet ?

CELIMENE.

Mais si c'est une Femme à qui va ce Billet,
En quoy vous blesse-t'il ? & qu'a-t'il de coupable ?

ALCESTE.

Ah ! le Détour est bon, & l'Excuse admirable,
Je ne m'attendois pas, je l'avoüe, à ce Trait :
Il me voila par là convaincu tout-à-fait.
Osez-vous recourir à ces Ruses grossieres ;
Et croyez vous les Gens si privez de Lumieres ?
Voyons, voyons un peu par quel biais, de quel air,
Vous voulez soûtenir un Mensonge si clair :

Et comment vous pourrez tourner pour une Femme,
Tous les Mots d'un Billet qui montre tant de flâme;
Ajuſtez pour couvrir un manquement de Foy,
Ce que je m'en vais lire...

CELIMENE.

Il ne me plaiſt pas, moy.
Je vous trouve plaiſant d'uſer d'un tel empire,
Et de me dire au nez ce que vous m'oſez dire.
ALCESTE

Non, non ſans s'emporter prenez un peu ſoucy
De me juſtifier les Termes que voicy.
CELIMENE.

Non, je n'en veux rien faire; & dans cette occurrence,
Tout ce que vous croirez m'eſt de peu d'importance.
ALCESTE.

De grace, montrez-moy, je ſeray ſatisfait,
Qu'on peut pour une Femme expliquer ce Billet.
CELIMENE.

Non, il eſt pour Oronte, & je veux qu'on le croye,
Je reçois tous ſes Soins avec beaucoup de joye,
J'admire ce qu'il dit, j'eſtime ce qu'il eſt ;
Et je tombe d'accord de tout ce qu'il vous plaiſt.
Faites, prenez Party, que rien ne vous arreſte,
Et ne me rompez pas davantage la teſte.
ALCESTE.

Ciel ! rien de plus cruel peut-il eſtre inventé ?
 Et jamais cœur fut-il de la ſorte traité ?
Quoy ! d'un juſte Courroux je ſuis émeu contr'elle,
C'eſt moy qui me viens plaindre & c'eſt moy qu'on
  querelle !
On pouſſe ma douleur & mes ſonpçons à bout ;
On me laiſſe tout croire, on fait gloire de tout ;
Et cependant mon cœur eſt encor aſſez lâche,
Pour ne pouvoir briſer la Chaîne qui l'attache,
Et pour ne pas s'armer d'un genereux Mépris
Contre l'ingrat Objet dont il eſt trop épris !

Ah!

Ah ! que vous sçavez bien icy contre moy-même,
Perfide, vous servir de ma foiblesse extrême,
Et ménager pour vous l'excés prodigieux
De ce fatal Amour né de vos traistres yeux !
Defendez vous au moins d'un crime qui m'accable,
Et cessez d'affecter d'estre envers moy coupable ;
Rendez-moy, s'il se peut, ce Billet innocent,
A vous prester les mains ma Tendresse consent ;
Efforcez-vous icy de paroistre fidelle,
Et je m'efforceray moy de vous croire telle.

CELIMENE.

Allez, vous estes fou dans vos Transports jalous,
Et ne meritez pas l'amour qu'on a pour vous.
Je voudrois bien sçavoir qui pourroit me contraindre
A descendre pour vous aux Bassesses de feindre :
Et pourquoy si mon cœur penchoit d'autre côté,
Je ne le dirois pas avec sincerité.
Quoy ! de mes Sentimens l'obligeante Asseurance,
Contre tous vos soupçons ne prend pas ma defense ?
Auprés d'un tel Garant sont-ils de quelque poids ?
N'est-ce pas m'outrager que d'écouter leur voix ?
Et puis que nostre cœur fait un effort extrême,
Lors qu'il peut se resoudre à confesser qu'il aime ;
Puis que l'Honneur du Sexe ennemy de nos Feux,
S'oppose fortement à de pareils Aveux ;
L'Amant qui void pour luy franchir un tel obstacle,
Doit-il impunément douter de cet Oracle :
Et n'est-il pas coupable en ne s'asseurant pas
A ce qu'on ne dit point qu'aprés de grands combats ?
Allez, de tels Soupçons meritent ma colere,
Et vous ne valez pas que l'on vous considere :
Je suis Sotte & veux mal à ma Simplicité,
De conserver encor pour vous quelque bonté ;
Je devrois autre-part attacher mon Estime,
Et vous faire un sujet de Plainte legitime.

F

ALCESTE

Ah ! Traiftreffe, mon foible eft étrange pour vous !
Vous me trompez fans doute avec des mots fi doux :
Mais il n'importe il faut fuivre ma Deftinée,
A voftre Foy mon Ame eft toute abandonnée,
Je veux voir jufqu'au bout quel fera voftre cœur :
Et fi de me trahir il aura la noirceur.

CELIMENE.

Non, vous ne m'aimez point comme il faut que l'on

ALCESTE.   [aime.

Ah ! rien n'eft comparable à mon amour extrême ;
Et dans l'ardeur qu'il a de fe montrer à tous,
Il va jufqu'à former des Souhaits contre vous.
Oüy, je voudrois qu'aucun ne vous trouvaft aimable,
Que vous fuffiez reduite en un Sort miferable,
Que le Ciel en naiffant ne vous euft donné rien,
Que vous n'euffiez ny Rang, ny Naiffance, ny Bien,
Afin que de mon cœur l'éclatant Sacrifice,
Vous pût d'un pareil Sort reparer l'Injuftice :
Et que j'euffe la joye & la gloire en ce jour,
De vous voir tenir tout des mains de mon Amour.

CELIMENE.

C'eft me vouloir du bien d'une eftrange maniere !
Me preferve le Ciel que vous ayez matiere....
Voicy Monfieur Du Bois plaifamment figuré.

SCENE IV.

DU BOIS, CELIMENE, ALCESTE.

ALCESTE.

Que veut cét équipage, & cet air éfaré ?
Qu'as-tu ?

DU BOIS.

Monsieur....

ALCESTE.

Hé bien.

DU BOIS.

Voicy bien des mysteres.

ALCESTE.

Qu'est-ce ?

DU BOIS.

Nous sommes mal, Monsieur, dans nos Affaires.

ALCESTE.

Quoy ?

DU BOIS.

Parlerai-je haut ?

ALCESTE.

Oüy, parle, & promptement.

DU BOIS.

N'est il point là quelqu'un...

ALCESTE.

Ah ! que d'amusement !
Veux-tu parler ?

DU BOIS.

Monsieur, il faut faire retraite.

E ij

ALCESTE.

Comment ?

DU BOIS.
Il faut d'icy déloger sans Trompette.
ALCESTE.

Et pourquoy ?

DU BOIS.
Je vous dis qu'il faut quitter ce Lieu.
ALCESTE.

La cause ?

DU BOIS.
Il faut partir, Monsieur, sans dire adieu.
ALCESTE.
Mais par quelle raison me tiens-tu ce langage ?
DU BOIS.
Par la raison, Monsieur, qu'il faut plier Bagage.
ALCESTE.
Ah! je te casseray la teste asseurément ,
Si tu ne veux, Maraut, t'expliquer autrement.
DU BOIS.
Monsieur, un Homme noir, & d'habit & de mine ,
Est venu nous laisser jusque dans la Cuisine ,
Un Papier grifonné d'une telle façon ,
Qu'il faudroit pour le lire estre pis que Demon.
C'est de vostre Procés, je n'en fais aucun doute ;
Mais le Diable d'Enfer, je croy, n'y verroit goûte.
ALCESTE.
Hé bien ? quoy ? ce Papier, qu'a til à demesler ,
Traistre, avec le Départ dont tu viens me parler ?
DU BOIS.   [suite,
C'est pour vous dire icy, Monsieur, qu'une heure en-
Un Homme qui souvent vous vient rendre visite ,
Est venu vous chercher avec empressement ;
Et ne vous trouvant pas, m'a chargé doucement,
Sçachant que je vous sers avec beaucoup de zele ,
De vous dire,.. Attendez, comme est-ce qu'il s'apelle?

ALCESTE.

Laisse-là son nom, Traistre, & dis ce qu'il t'a dit.

DU BOIS.

C'est un de vos Amis, enfin cela suffit.
Il m'a dit que d'icy vostre Peril vous chasse,
Et que d'estre arresté le Sort vous y menace.

ALCESTE.

Mais quoy ? n'a t'il rien voulu specifier ?

DU BOIS.

Non, il m'a demandé de l'Encre & du Papier ;
Et vous a fait un Mot, où vous pourrez je pense,
Du fonds de ce mystere avoir la connoissance.

ALCESTE.

Donne le donc.

CELIMENE.

    Que peut enveloper cecy ?

ALCESTE.

Je ne sçai, mais j'aspire à m'en voir éclaircy.
Auras-tu bien-tost fait, Impertinent au Diable ?

    DU BOIS *apres l'avoir longtemps cherché.*
Ma foy, je l'ay Monsieur, laissé sur vostre Table,

ALCESTE.

Je ne sçay qui me tient...

CELIMENE.

    Ne vous emportez pas,
Et courez demesler un pareil embarras.

ALCESTE.

Il semble que le Sort quelque soin que je prenne,
Ait juré d'empescher que je vous entretienne :
Mais pour en triompher, souffrez à mon Amour,
De vous revoir, Madame, avant la fin du Jour.

Fin du Quatriéme Acte.

ACTE V.
SCENE PREMIERE.
ALCESTE, PHILINTE.

ALCESTE.

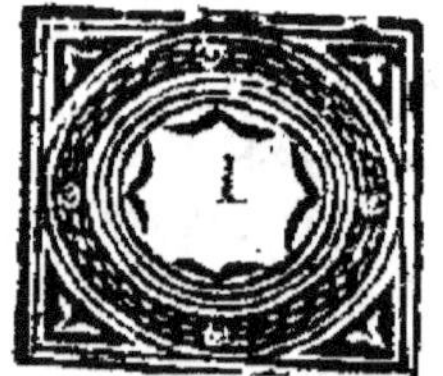

A résolution en est prise, vous dy-je.
PHILINTE.
Mais quelque soit ce coup, faut-il qu'il
vous oblige....
ALCESTE.
Non, vous avez beau faire, & beau me raisonner,
Rien de ce que je dy ne me peut détourner :
Trop de Perversité regne au Siecle où nous sommes,
Et je veux me tirer du commerce des Hommes.
Quoy ! contre ma Partie on void tout à la fois,
L'Honneur, la Probité, la Pudeur & les Loix :
On publie en tous Lieux l'équité de ma Cause:
Sur la Foy de mon Droit mon Ame se repose :
Cependant je me vois trompé par le succés,
J'ay pour moy la Justice & je perds mon Procés!
Un Traistre, dont on sçait la scandaleuse Histoire,
Est sorty triomphant d'une Fausseté noire !
Toute la Bonne-Foy cede à sa Trahison !
Il trouve en m'égorgeant moyen d'avoir raison !

Le poids de sa Grimace où brille l'Artifice,
Renverse le bon Droict, & tourne la Justice ;
Il fait par un Arrest couronner son Forfait :
Et non content encor du Tort que l'on me fait,
Il court parmy le Monde un Livre abominable,
Et de qui la lecture est mesme condamnable !
Un Livre à meriter la derniere Rigueur,
Dont le Fourbe a le front de me faire l'Auteur !
Et là-dessus on void Oronte qui murmure,
Et tâche méchamment d'appuyer l'imposture !
Lui qui d'un honneste Homme à la Cour tient le rang !
A qui je n'ay rien fait qu'estre sincere & franc !
Qui me vient malgré moy d'une ardeur empressée,
Sur des Vers qu'il a faits demander ma pensée !
Et parce que j'en use avec honnesteté,
Et ne le veux trahir, luy ny la Verité,
Il aide à m'accabler d'un crime imaginaire :
Le voila devenu mon plus grand Adversaire !
Et jamais de son cœur je n'auray de pardon,
Pour n'avoir pas trouvé que son Sonnet fust bon !
Et les Hommes, morbleu, sont faits de cette sorte !
C'est à ces Actions que la Gloire les porte !
Voila la Bonne-Foy, le Zele vertueux,
La Justice & l'Honneur que l'on trouve chez eux !
Allons, c'est trop soufrir les chagrins qu'ō nous forge,
Tirons-nous de ce Bois, & de ce Coupe-gorge ;
Puis qu'entre Humains ainsi vous vivez en vrais
    Loups,
Traistres, vous ne m'aurez de ma vie avec vous.

PHILINTE

Je trouve un peu bien prompt le dessein où vous estes,
Et tout le mal n'est pas si grand que vous le faites :
Ce que vostre Partie ose vous imputer,
N'a point eu le credit de vous faire arrester ;
On void son faux Rapport lui-mesme se détruire,
Et c'est une Action qui pourroit bien luy nuire.

ALCESTE.

Luy ? de semblables Tours il ne craint point l'éclat,
Il a permission d'estre franc Scelerat ;
Et loin qu'à son Credit nuise cette Avanture,
On l'en verra demain en meilleure posture.

PHILINTE.

Enfin, il est constant qu'on n'a point trop donné
Au Bruit que contre vous sa Malice a tourné :
De ce costé déja vous n'aurez rien à craindre :
Et pour vôtre procés, dont vous pouvez vous plaindre
Il vous est en Justice aisé d'y revenir,
Et contre cet Arrest....

ALCESTE.

Non, je veux m'y tenir.
Quelque sensible Tort qu'un tel Arrest me fasse,
Je me garderai bien de vouloir qu'on le casse :
On y voit trop à plein le bon Droit mal-traité,
Et je veux qu'il demeure à la Posterité ,
Comme une marque insigne, un fameux Témoignage,
De la méchanceté des Hommes de nostre Age.
Ce sont vingt mille francs qu'il m'en pourra couster,
Mais pour vingt mille francs j'aurai droit de pester
Contre l'iniquité de la Nature Humaine ,
Et de nourrir pour elle une immortelle Haine.

PHILINTE.

Mais enfin.....

ALCESTE.

Mais enfin vos Soins sont superflus :
Que pouvez-vous, Monsieur, me dire là dessus ?
Aurez-vous bien le front de me vouloir en face ,
Excuser les horreurs de tout ce qui se passe ?

PHILINTE.

Non, je tombe d'accord de tout ce qu'il vous plaist ,
Tout marche par Cabale, & par pur Interest ;
Ce n'est plus que la Ruse aujourd'huy qui l'emporte,
Et les Hommes devroient estre faits d'autre sorte.

Mais

Mais est-ce une Raison que leur peu d'Equité,
Pour vouloir se tirer de leur Societé ?
Toûs ces Defauts humains nous donnent dans la vie
Des Moyens d'exercer nostre Philosophie.
C'est le plus bel employ que trouve la Vertu;
Et si de Probité tout estoit revétu,
Si tous les cœurs estoient francs, justes & dociles,
La pluspart des Vertus nous seroient inutiles,
Puis qu'on en met l'usage à pouvoir sans ennuy,
Suporter dans nos droits l'Injustice d'Autruy :
Et de mesme qu'un cœur d'une Vertu profonde....

ALCESTE.

Je sçai que vous parlez Monsieur, le mieux du môde,
En beaux Raisonnemens vous abondez toûjours,
Mais vous perdez le temps, & tous vos beaux Discours.
La Raison pour mon bien veut que je me retire,
Je n'ay point sur ma langue un assez grand empire ;
De ce que je dirois je ne répondrois pas,
Et je me jetterois cent choses sur les bras.
Laissez-moy sans dispute attendre Celimene ,
Il faut qu'elle consente au Dessein qui m'ameine ;
Je vay voir si son cœur a de l'amour pour moy,
Et c'est ce moment-ci qui doit m'en faire foy.

PHILINTE.

Montons chez Eliante attendant sa venuë.

ALCESTE

Non , de trop de soucy je me sens l'Ame émeuë ,
Allez-vous-en la voir, & me laissez enfin ,
Dans ce petit Coin sombre avec mon noir Chagrin.

PHILINTE.

C'est une compagnie étrange pour attendre ,
Et je vais obliger Eliante à décendre.

G

SCENE II.

ORONTE, CELIMENE, ALCESTE.

ORONTE.

Oüy, c'eſt à vous de voir ſi par des Nœuds ſi dous,
Madame, vous voulez m'attacher tout à vous :
Il me faut de voſtre Ame une pleine aſſeurance,
Un Amant là-deſſus, n'aime point qu'on balance :
Si l'ardeur de mes Feux a pû vous émouvoir,
Vous ne devez point feindre à me le faire voir ;
Et la preuve aprés tout que je vous en demande ,
C'eſt de ne plus ſouffrir qu'Alceſte vous prétende ;
De le ſacrifier, Madame, à mon Amour ,
Et de chez vous enfin le bannir dés ce jour.

CELIMENE.

Mais quel ſujet ſi grand contre luy vous irrite ,
Vous à qui j'ay tant veu parler de ſon Merite ?

ORONTE.

Madame, il ne faut point ces éclairciſſemens,
Il s'agit de ſçavoir quels ſont vos ſentimens :
Choiſiſſez, s'il vous plaiſt, de garder l'un ou l'autre ;
Ma reſolution n'attend rien que la vôtre.

ALCESTE *ſortant du coin où il s'étoit retiré.*
Oüy, Monſieur a raiſon, Madame, il faut choiſir ,
Et ſa demande icy s'accorde à mon deſir ;
Pareille ardeur me preſſe, & meſme ſoin m'ameine ;
Mon Amour veut du voſtre une marque certaine.

Les choses ne sont plus pour traîner en longueur,
Et voicy le moment d'expliquer vostre cœur.

ORONTE.

Je ne veux point, Monsieur, d'une flâme importune,
Troubler aucunement vostre bonne Fortune.

ALCESTE.

Je ne veux point, Monsieur, jalous ou non jalous,
Partager de son cœur rien du tout avec vous,

ORONTE.

Si vostre Amour au mien luy semble préferable...

ALCESTE.

Si du moindre penchant elle est pour vous capable...

ORONTE.

Je jure de n'y rien prétendre deformais.

ALCESTE.

Je jure hautement de ne la voir jamais.

ORONTE.

Madame, c'est à vous de parler sans contrainte.

ALCESTE.

Madame, vous pouvez vous expliquer sans crainte.

ORONTE.

Vous n'avez qu'à nous dire où s'attachent vos vœux.

ALCESTE.

Vous n'avez qu'à trancher, & choisir de nous deux.

ORONTE.

Quoi! sur un pareil choix vous semblez être en peine ?

ALCESTE.

Quoi ! vostre Ame balance, & paroist incertaine ?

CELIMENE.

Mon Dieu ! que cette Instance est là hors de Saison !
Et que vous témoignez tous deux peu de Raison !
Je sçay prendre Party sur cette Préference,
Et ce n'est pas mon cœur maintenant qui balance :
Il n'est point suspendu sans doute entre vous deux,
Et rien n'est si tost fait que le choix de nos vœux.

Mais je souffre, à vrai dire, une gesne trop forte;
A prononcer en face un aveu de la sorte:
Je trouve que ces Mots qui sont desobligeans,
Ne se doivent point dire en presence des Gens:
Qu'un cœur de son penchant donne assez de lumiere,
Sans qu'on nous fasse aller jusqu'à rompre en visiere:
Et qu'il suffit enfin que de plus doux Témoins
Instruisent un Amant du malheur de ses soins.

ORONTE.

Non, non, un franc aveu n'a rien que j'appréhende,
J'y consens pour ma part.

ALCESTE.

       Et moy je le demande;
C'est son éclat sur tout qu'icy j'ose exiger,
Et je ne prétens point vous voir rien ménager.
Conserver tout le Monde est vostre grande étude,
Mais plus d'amusement, & plus d'incertitude;
Il faut vous expliquer nettement là-dessus,
Ou bien pour un Arrest je prens vostre refus:
Je sçaurai de ma part expliquer ce silence,
Et me tiendray pour dit tout le mal que j'en pense.

ORONTE.

Je vous sçay fort bon gré, Monsieur, de ce courroux,
Et je luy dis icy mesme chose que vous.

CELIMENE.

Que vous me fatiguez avec un tel Caprice!
Ce que vous me demandez a-t'il de la Justice;
Et ne vous dis-je pas quel motif me retient?
J'en vais prendre pour Juge Eliante qui vient.

SCENE III.

ELIANTE, PHILINTE, CELIMENE, ORONTE, ALCESTE.

CELIMENE.

JE me vois, ma Coufine, icy perfecutée
Par des Gens dont l'humeur y paroift concertée.
Ils veulent l'un & l'autre avec mefme chaleur,
Que je pronôce entr'eux le choix que fait mon cœur:
Et que par un Arreft qu'en Face il me faut rendre,
Je defende à l'un d'eux tous les foins qu'il peut pren-
Dites-moy fi jamais cela fe fait ainfy.   [dre.

ELIANTE.

N'allez point là-deffus me confulter icy;
Peut-eftre y pourriez-vous eftre mal adreffée,
Et je fuis pour les Gens qui difent leur penfée.

ORONTE.

Madame, c'eft en vain que vous vous defendez.

ALCESTE.

Tous vos Détours icy feront mal fecondez.

ORONTE.

Il faut, il faut parler, & lâcher la Balance.

ALCESTE.

Il ne faut que pourfuivre à garder le Silence.

ORONTE.

Je ne veux qu'un feul mot pour finir nos debats.

ALCESTE.

Et moy je vous entens, fi vous ne parlez pas.

SCENE DERNIERE.

ACASTE, CLITANDRE, ARSINOE, PHILINTE, ELIANTE, ORONTE, CELIMENE, ALCESTE.

ACASTE.

MAdame, nous venons tous deux sans vous dé-
     plaire,
Eclaircir avec vous une petite Affaire.
CLITANDRE.
Fort à propos, Messieurs vous vous trouvez icy,
Et vous estes meslez dans cette Affaire aussy.
ARSINOE'.
Madame, vous serez surprise de ma veuë,
Mais ce sont ces Messieurs qui causent ma venuë ;
Tous deux ils m'ont trouvée, & se sont plaints à moy,
D'un Trait à qui mon cœur ne sçauroit prester foy.
J'ay du fond de vostre Ame une trop haute estime,
Pour vous croire jamais capable d'un tel crime,
Mes yeux ont démenty leurs Témoins les plus forts :
Et l'Amitié passant sur de petits Discords,
J'ay bien voulu chez vous leur faire Compagnie,
Pour vous voir vous laver de cette Calomnie.
ACASTE.
Oüy, Madame, voyons d'un Esprit adoucy,
Comment vous vous prendrez à soûtenir cecy.
Cette Lettre par vous est écrite à Clitandre ;

CLITANDRE.

Vous avez pour Acaste écrit ce Billet tendre.

ACASTE.

Messieurs, ces Traits pour vous n'ont point d'obscu- [rité,
Et je ne doute pas que sa civilité,
A connoistre sa main n'ait trop sceu vous instruire :
Mais cecy vaut assez la peine de le lire.

Vous estes un étrange Homme de condamner mon en-
joûment, & de me reprocher que je n'ay jamais tant
de joye, que lors que je ne suis pas avec vous. Il n'y a rien
de plus injuste ; & si vous ne venez bien viste me demander pardon de cette Offense, je ne vous la pardonne-
rai de ma vie. Nostre grand Flandrin de Vicomte.....

Il devroit estre ici.

Nostre grand Flandrin de Vicomte, par qui vous commen-
cez vos plaintes, est un Homme qui ne sçauroit me revenir ; & depuis que je l'ay vû trois quarts d'heure durant
cracher dans un Puits pour faire des Ronds, je n'ay pû jamais prendre bonne opinion de luy. Pour le petit Marquis....

C'est moy-mesme, Messieurs, sans nulle vanité.

Pour le petit Marquis qui me tint hyer long-temps la
main, je trouve qu'il n'y a rien de si mince que toute sa
Personne ; & ce sont de ces Merites qui n'ont que la Cape
& l'Epée. Pour l'Homme aux Rubans verts....

A vous le Dé, Monsieur,

Pour l'Homme aux Rubans verts, il me divertit quelquefois avec ses brusqueries, & son chagrin bourru ;

*mais il eſt cent momens, où je le trouve le plus fâcheux du
Monde. Et pour l'Homme à la Veſte...*

Voicy voſtre Paquet.

*Et pour l'Homme à la Veſte qui s'eſt jetté dans le bel Eſ-
prit, & veut eſtre Auteur malgré tout le monde, je ne
puis me donner la peine d'écouter ce qu'il dit; & ſa Proſe
me fatigue autant que ſes Vers. Mettez-vous donc en
teſte que je ne me divertis pas toûjours ſi bien que vous
penſez; que je vous trouve à dire plus que je ne voudrois
dans toutes les Parties où l'on m'entraîne; & que c'eſt un
merveilleux aſſaiſonnement aux Plaiſirs qu'on gouſte, que
la preſence des Gens qu'on aime.*

CLITANDRE.

Me voicy maintenant, moy.

*Voſtre Clitandre dont vous me parlez, & qui fait tant
le Doucereux, eſt le dernier des Hommes pour qui j'aurois de l'amitié. Il eſt extravagant de ſe perſuader qu'on
l'aime; & vous l'eſtes de croire qu'on ne vous aime pas.
Changez, pour eſtre raiſonnable, vos ſentimens contre les
ſiens; & voyez-moy le plus que vous pourrez pour m'ai-
der à porter le chagrin d'en eſtre obſedée.*

D'un fort beau caractere on voit là le Modele,
Madame, & vous ſçavez comment cela s'appelle.
Il ſuffit, nous allons l'un & l'autre en tous Lieux,
Montrer de voſtre cœur le Portrait glorieux.
ACASTE.
J'aurois dequoy vous dire, & belle eſt la matiere,
Mais je ne vous tiens pas digne de ma colere;
Et je vous feray voir que les petits Marquis
Ont pour ſe conſoler des cœurs du plus haut prix.

ORONTE.

Quoi ! de cette façon je voy qu'on me déchire,
Aprés tout ce qu'à moy je vous ay vû m'écrire ?
Et voſtre cœur paré de beaux ſemblans d'Amour,
A tout le Genre Humain ſe promet tour à tour ?
Allez, j'eſtois trop Dupe, & je vais ne plus l'eſtre,
Vous me faites un bien, me faiſant vous conneſtre ;
J'y profite d'un cœur qu'ainſi vous me rendez,
Et trouve ma vengeance en ce que vous perdez.

A Alceſte.

Monſieur, je ne fais plus d'obſtacle à voſtre flâme,
Et vous pouvez conclure affaire avec Madame.

ARSINOE'.

Certes, voila le trait du Monde le plus noir,
Je ne m'en ſçaurois taire, & me ſens émouvoir.
Void-on des Procedez qui ſoient pareils aux vôtres?
Je ne prens point de part aux intereſts des autres :
Mais Monſieur, que chez vous fixoit voſtre bonheur,
Un Homme comme luy de Merite & d'Honneur,
Et qui vous cheriſſoit avec idolâtrie,
Devoit-il....

ALCESTE.

Laiſſez-moy, Madame, je vous prie,
Vuider mes intereſts moy-meſme, là-deſſus,
Et ne vous chargez point de ces ſoins ſuperflus.
Mon cœur à beau vous voir prendre icy ſa querelle,
Il n'eſt point en eſtat de payer ce grand zele ;
Et ce n'eſt pas à vous que je pourrai ſonger,
Si par un autre Choix je cherche à me venger.

ARSINOE'.

Hé ! croyez-vous, Monſieur qu'on ait cette penſée,
Et que de vous avoir on ſoit tant empreſſée ?
Je vous trouve un eſprit bien plein de vanité,
Si de cette créance il peut s'eſtre flaté :
Le rebut de Madame eſt une Marchandiſe,
Dont on auroit grand tort d'eſtre ſi fort épriſe.

Détrompez-vous de grace, & portez-le moins haut,
Ce ne font pas des Gens comme moy qu'il vous faut;
Vous ferez bien encor de foûpirer pour elle,
Et je brûle de voir une Union fi belle.   *Elle fe retire.*

ALCESTE.

Hé bien, je me fuis tû malgré ce que je voy,
Et j'ay laiffé parler tout le monde avant moy.
Ay-je pris fur moy-mefme un affez long Empire,
Et puif-je maintenant....

CELIMENE.

Oüy, vous pouvez tout dire,
Vous en eftes en droit, lorf que vous vous plaindrez,
Et de me reprocher tout ce que vous voudrez.
J'ay tort je le confeffe & mon Ame confufe
Ne cherche à vous payer d'aucune vaine excufe :
J'ay des autres icy méprifé le courroux,
Mais je tombe d'accord de mon crime envers vous,
Voftre reffentiment fans doute eft raifonnable,
Je fçais combien je dois vous paroiftre coupable,
Que toute chofe dit que j'ay pû vous trahir,
Et qu'enfin vous avez fujet de me haïr.
Faites-le, **j'y** confens.

ALCESTE.

Hé! le puis-je Traitreffe?
Puis je ainfi triompher de toute ma tendreffe?
Et quoy qu'avec ardeur je veüille vous haïr,
Trouvay je un Cœur en moy tout preft à m'obeïr?
A Eliante, & Philinte.
Vous voyez ce que peut une indigne Tendreffe,
Et je vous fais tous deux témoins de ma foibleffe.
Mais, à vous dire vray,ce n'eft pas encor tout,
Et vous allez me voir la pouffer jufqu'au bout :
Montrer que c'eft à tort que Sages on nous nomme,
Et que dans tous les cœurs il eft toûjours de l'Hõme.

Oüy, je veux bien, Perfide, oublier vos Forfaits,
J'en sçauray dans mon Ame excuser tous les traits,
Et me les couvriray du nom d'une Foiblesse,
Où le Vice du Temps porte vostre Jeunesse,
Pourveu que vostre Cœur veüille donner les mains
Au Dessein que j'ay fait de fuir tous les Humains,
Et que dans mon Desert où j'ay fait vœu de vivre,
Vous soyez sans tarder résolüe à me suivre.
C'est par là seulement que dans tous les Esprits
Vous pouvez reparer le mal de vos Ecrits,
Et qu'aprés cet éclat qu'un noble Cœur abhorre,
Il peut m'estre permis de vous aymer encore.

CELIMENE.

Moy, renoncer au Monde avant que de vieillir ?
Et dans vostre Desert aller m'ensevelir?

ALCESTE.

Et s'il faut qu'à mes feux vostre Flâme réponde,
Que vous doit importer tout le reste du monde ?
Vos Desirs avec moy ne sont-ils pas contens?

CELIMENE.

La Solitude effraye une Ame de vingt-ans ;
Je ne sens point la mienne assez grande, assez forte,
Pour me resoudre à prendre un dessein de la sorte.
Si le Don de ma main peut contenter vos vœux,
Je pourray me résoudre à serrer de tels Nœuds :
Et l'Hymen....

ALCESTE.

Non, mon Cœur à present vous déteste ;
Et ce refus luy seul fait plus que tout le reste ;
Puis que vous n'estes point en des Liens si doux,
Pour trouver tout en moy comme moy tout en vous,
Allez je vous refuse & ce sensible Outrage,
De vos indignes Fers pour jamais me dégage.

Celimene se retire, & Alceste parle à Eliante.
Madame, cent Vertus ornent vostre Beauté,
Et je n'ay vû qu'en vous de la sincerité,

De vous depuis long-temps je fais un cas extréme,
Mais laissez moy toûjours vous estimer de même :
Et souffrez que mon Cœur dans ses troubles divers,
Ne se presente point à l'honneur de vos Fers,
Je m'en sens trop indigne, & commence à connoistre
Que le Ciel pour ce Nœud ne m'avoit point fait
  naistre ;
Que ce seroit pour vous un Hommage trop bas,
Que le rebut d'un cœur qui ne vous valoit pas;
Et qu'enfin....

ELIANTE.

Vous pouvez suivre cette pensée,
Ma Main de se donner n'est pas embarassée,
Et voilà vostre Amy sans trop m'inquieter,
Qui, si je l'en priois, la pourroit accepter.

PHILINTE.

Ah! cet honneur, Madame, est toute mon envie,
Et j'y sacrifierois & mon Sang & ma Vie.

ALCESTE.

Puissiez-vous pour goûter de vrais contentemens,
L'un pour l'autre à jamais garder ces Sentimens.
Trahy de toutes parts, accablé d'Injustice,
Je vais sortir d'un Goufre où triomphent les Vices;
Et chercher sur la terre un endroit écarté,
Où d'estre Homme d'honneur on ait la liberté.

PHILINTE.

Allons, Madame, allons employer toute chose,
Pour rompre le Dessein que son Cœur se propose.

FIN.